Klaus Schmid (Hrsg.)
Schnellfeuer

Klaus Schmid (Hrsg.)

Schnellfeuer

Das k.u.k.-Kriegstagebuch

des Heinrich Sevin

an der Ostfront 1914-1916

morisel

Impressum

www.morisel.de
mail@morisel.de

Klaus Schmid (Hrsg.)
Schnellfeuer
Das k.u.k.-Tagebuch des Heinrich Sevin an der Ostfront 1914-1916
ISBN: 978-3-943915-16-7

Die Deutsche Nationalbibliothek verzeichnet diese Publikation in der Deutschen Nationalbibliografie; detaillierte bibliografische Daten sind im Internet über http://dnb.de abrufbar.

Abbildungen:
Seite 4/5: Heinrich Sevin, sitzend, zweiter von rechts, zusammen mit den Pferdewärtern der Munitionsstaffel der Maschinengewehr-Abteilung I/32 in Chotowka, Wolhynien, Februar 1916; Ausschnitt des Fotos auf S.192/193
Seite 6/7: Drahtverhau vor Panasowka; Schneeschmelze, März 1916
Seite 8/9: Schützengraben bei Zagorce, April 1916
Abbildung Umschlag vorne: Ausbildung Maschinengewehr-Abteilung in Wien 1914
Bildnachweis:
Alfred Büllesbach (visum-images.com): 11, 14, 51, 52, 58/59, 188/189, 202/203, Umschlagklappe vorne: unten, Umschlagklappe hinten: oben
Archiv morisel Verlag: 23, 25, 27, 29 bis 39, 41, 43 bis 45, 47, 52, 53 o.
Dolomitenfreunde / Andreas Ostadal: 53 u., 54
Alle übrigen Abbildungen: Archiv des Autors

Buch- und Umschlaggestaltung: Bettina Rönnberg
Satz: Bettina Rönnberg

Druck: Interpress, Budapest

Inhalt

Kadett i.d.R. Sevin
auf seinem Pferd „Resi“
April 1916

„Habe lange nicht geschrieben“.

Anmerkungen zu den Aufzeichnungen des Heinrich Sevin

von Klaus Schmid

I. Das Tagebuch

In einem Antikladen fiel mir ein Bucheinband auf, der mit drei Kappenabzeichen der k. u. k. österreichisch-ungarischen Armee und einem schön geprägten Metalledelweiß geschmückt war. Meine Neugierde war geweckt, befasse ich mich doch schon längere Zeit mit dem Thema „Gebirgskrieg zwischen Italien und Österreich 1915 – 1918“. Bei näherer Betrachtung konnte ich sehen, dass es sich hier um das Kriegstagebuch des österreichisch-ungarischen Soldaten Heinrich Sevin handelte, der seine Erlebnisse am östlichen Kriegsschauplatz handschriftlich festgehalten hat. Auf der Innenseite des Einbandes waren zwei silberne Tapferkeitsmedaillen 1. und 2. Klasse am Kriegsband, zwei Kragensterne und das Kappenröschen (Kokarde) eingenäht. In den weiteren Seiten waren Fotos, Zeichnungen und Notizblockseiten mit stenographischen Aufzeichnungen eingeklebt.
Das Tagebuch beginnt im August 1914 in Csúrog, dem Heimatdorf

Sevins und endet mit der Gefangennahme in Russland im August 1916. Zwischen dem 11. Juli 1915, an dem Sevin wegen Krankheit in die Heimat reist, und dem 30. Dezember 1915, der erneuten Ankunft an der Ostfront, gibt es keine Einträge. Es gibt keine Hinweise darauf, was in dieser Zeit geschehen ist.

Vor Ort während des Weltkrieges hat Sevin seine Erlebnisse offensichtlich nicht in einem Buch festgehalten, sondern stenographisch auf Notizzettel geschrieben. Aus zwei Randbemerkungen im Tagebuch geht hervor, dass er seine stenographischen Aufzeichnungen 1938 überarbeitet und handschriftlich in deutscher Langschrift in Buchform festgehalten hat. In dieses Buch hat er Originale der Notizzettel eingeklebt. Was ihn 20 Jahre nach Kriegsende motiviert hat, sein Tagebuch zu überarbeiten, verrät er nicht.

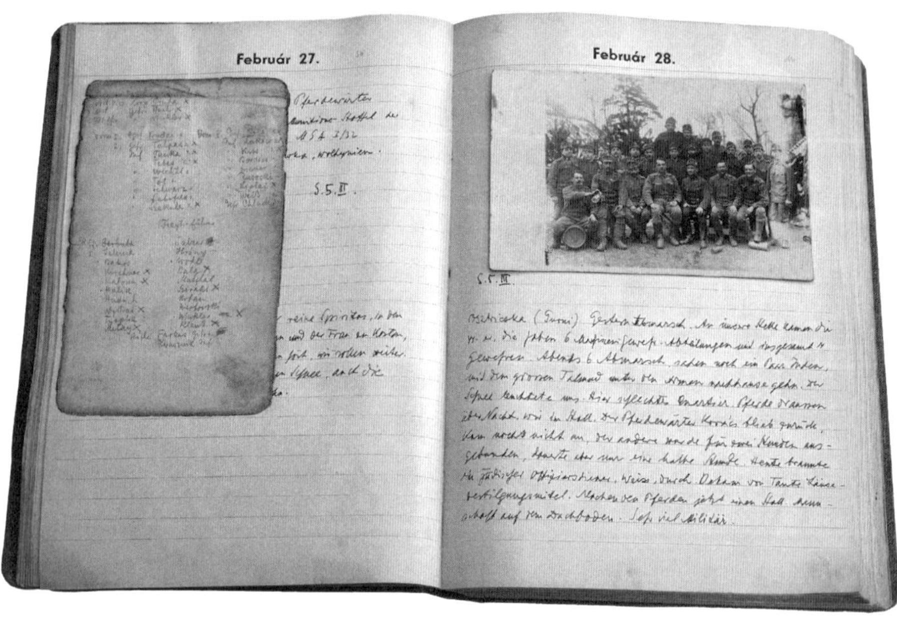

Január 13.

Die Eigentümlichkeit seines Kriegstagebuches besteht darin, dass er den Zeitraum vom 9. August 1914 bis 5. August 1916 in einem Einjahreskalendarium untergebracht hat. Dies war möglich, weil er den Zeitraum vom 9. August 1914 bis 31. Dezember 1914 in die obere Hälfte des Kalendariums schrieb, das ganze Jahr 1915 in die untere Hälfte, um dann die Zeit vom 1. Januar 1916 bis 5. August 1916 wieder in die obere Hälfte zu schreiben.

Erst als ich mir sicher war, die handschriftlichen Eintragungen auch lesen zu können, habe ich das Tagebuch gekauft. Es war viel Geduld und Ausdauer notwendig, den Text abzuschreiben und die eingeklebten Fotos und Skizzen mittels elektronischer Bildbearbeitung aufzubereiten. Ein Problem stellten die Ortsnamen dar, die im Tagebuch oft von Schreibweisen in historischen Landkarten abweichen, ganz zu schweigen von den heute gebräuchlichen Schreibweisen. Nicht auszuschließen ist auch, dass Sevin 1938 bei der Übertragung des Textes von den handschriftlichen Notizzetteln in das Tagebuch bei den fremden Ortsnamen Fehler unterlaufen sind (z.B. durch das Verwechseln der Vokale o,a,e). Die Aufzeichnungen von Heinrich Sevin werden im Folgenden in der Originalschreibweise wiedergegeben, ebenso die militärischen Abkürzungen. Korrekturen am Text wurden nur unternommen, wenn es der besseren Lesbarkeit diente. Erklärende Hinweise des Herausgebers sind durch eckige Klammern gekennzeichnet.

II. Heinrich Sevin

Heinrich Sevin wurde am 4. Juni 1893 geboren. Sein Wohnsitz in der Ortsgemeinde Csúrog, politischer Bezirk Bácsbodrog, Komitat, Ungarn. Csúrog befindet sich in der Nähe von Neusatz (heute Novi Sad an der Donau, Serbien). Sevin ist bei Kriegsausbruch 21 Jahre alt, lebt bei seinen Eltern mit zwei Geschwistern. Er spricht deutsch,

ungarisch und serbisch. Durch seinen Hochschulabschluss kann er die Offizierslaufbahn einschlagen.
Schon am 9. August 1914 wird Sevin als Einjährig-Freiwilliger einberufen. Er muss nach Wien zuerst zu den Deutschmeistern (Infanterieregiment Nr. 4). Dann in das ungarische Infanterie Regiment No. 83 ebenfalls in Wien. Als ehemaliger technischer Hochschüler kommt Sevin zu einer Maschinen-Gewehr-Abteilung (M.G.A.). Kasernendienst und Waffenübungen wechseln sich ab. In seiner Freizeit besucht Sevin öfter Tante und Onkel, die in Wien leben. Schon am 29. Oktober 1914 nach knapp 3 Monaten Ausbildung fährt der Zug vom Ostbahnhof in Wien ab zum Fronteinsatz am östlichen Kriegsschauplatz.

In seinen stenographischen Aufzeichnungen notiert Sevin die Erlebnisse, die er und seine Kameraden im Kampf gegen die russischen Truppen haben. Wir wissen leider nicht mehr von Heinrich Sevin, als das Tagebuch preisgibt!
Auch Nachforschungen im österreichischen Staatsarchiv in Wien und in Budapest im dortigen Kriegsarchiv brachten lediglich die Kopien der Belohnungsanträge zum Vorschein, die für die Verleihung der Tapferkeitsmedaillen erforderlich waren, die Sevin während seiner Dienstzeit erhielt, sowie Kopien von zwei Karteiblättern aus der russischen Kriegsgefangenschaft.
Über sein weiteres Leben konnte nichts in Erfahrung gebracht werden.

III. Die Orden im Tagebuch

Auf der vorderen Umschlaginnenseite des Tagebuches sind zwei Orden befestigt. Es handelt sich hierbei um zwei Auszeichnungen, die Heinrich Sevin während des Krieges erhalten hat: die Silberne Tapferkeitsmedaille 1. Klasse, verliehen am 24. Mai 1915, und die Silberne Tapferkeitsmedaille 2. Klasse, verliehen am 13. Juni 1915. Wofür Sevin die Auszeichnungen erhalten hat, lässt sich anhand der Belohnungsakten rekonstruieren, die im Kriegsarchiv in Wien erhalten sind. So ist er in den Karpaten „am 24.03.1915 auf Höhe Manilowa durch initiatives Eingreifen einem nächtlichen Sturm[angriff] der Russen wirksam entgegengetreten und hat hierdurch hervorragend zur Abwehr desselben beigetragen.“ Er zeichnete sich in allen Gefechten „durch Kaltblütigkeit, Initiative und tapferes Betragen“ aus. Hierfür hatte er die große Silberne Tapferkeitsmedaille 1. Klasse erhalten.

Die beiden Tapferkeitsmedaillen hat Sevin später bei der Bearbeitung seines Tagebuchs zusammen mit Dienstrangabzeichen auf die vordere Umschlaginnenseite befestigt

Was das Datum der Gefechte auf dem Berg Manilowa betrifft, so widersprechen sich die Angaben in den Belohnungsakten mit denen im

Tagebuch. Sevin berichtet am 6. März und in den Tagen darauf von den Kämpfen am Berg Manilowa. Ab dem 14. März hält er im Tagebuch verschiedene Stellungswechsel fest. Seine zweite Auszeichnung, die kleine Silberne Tapferkeitsmedaille 2. Klasse, erhält er, nachdem er in einem Gefecht bei Bukowice am 10. Mai 1915 „im heftigsten feindlichen Maschinengewehrfeuer“ als Vormeister am MG dem Gegner die Gruppierung erschwert und „große Verluste zugefügt“ hat.

IV. Europa 1914

Das Jahr 2014 erinnerte uns daran, dass vor 100 Jahren der I. Weltkrieg ausbrach. In einer Zeit der europäischen Vereinigung und einer einheitlichen Währung sind Konflikte aus neuerer Zeit auf dem Balkan noch traurige Überbleibsel aus der damaligen Geschichte und resultieren aus der Zerschlagung der damaligen Donaumonarchie Österreich-Ungarn nach 1918.

Nach den verhängnisvollen Schüssen von Sarajewo am 28. Juni 1914 loste die am 28. Juli 1914 erfolgte Kriegserklärung Österreich-Ungarns an Serbien den Ersten Weltkrieg aus. Die kritische Zuspitzung des Konfliktes war zweifellos dadurch eingetreten, dass Österreich-Ungarn der Unterstützung Deutschlands, Serbien jener Russlands und dieses der Hilfe Frankreichs sicher waren. Auf den Einmarsch deutscher Truppen in Belgien hin trat auch England in den Krieg ein. Montenegro war auf der Seite Serbiens. 1914 ist die Türkei und 1915 Bulgarien an die Seite der Mittelmächte getreten. Italien, obwohl im „Dreibund“ mit Deutschland und Österreich-Ungarn verbündet, erklärte bei Kriegsausbruch seine „Neutralität“ und schlug sich dann auf die Seite Frankreichs und Englands. Italien eröffnete am 23. Mai 1915 eine weitere Front gegen Österreich-Ungarn. Dem Beispiel Italiens folgten auch noch Rumänien und Griechenland.

Hatte man 1914 in allen europäischen Hauptstädten die jeweiligen Kriegserklärungen mit Begeisterung gefeiert und fest damit gerechnet nach einem jeweiligen raschen Sieg den „Feldzug“ bald zu beenden, musste man schnell feststellen, dass dieser Krieg Ausmaße annahm, die in keinem Strategiespiel vorkamen. Wie bekannt, liefen sich im Westen wie auch im Osten die jeweiligen Offensiven fest und es entstand der Stellungskrieg. Die Materialschlacht und der Abnützungskrieg durch immer mehr gesteigerte Waffenwirkung, Massierung der Artillerie, dem daraus resultierenden Trommelfeuer, der Einsatz von Giftgas, Vervielfachung der Maschinengewehre, Flammenwerfer usw. sowie sprunghafter Anstieg der Flugzeuge, beschwor ein Szenario unvorstellbaren Leidens der an den Fronten eingesetzten Soldaten herauf, wie wir uns das heute nicht mehr vorstellen können.

Österreich-Ungarn hatte mit Russland und Serbien zwei besonders starke Gegner, die ihre Kriegserfahrungen, die sie während des russisch-japanischen Krieges 1904/05 bzw. der Balkankriege 1912/13 erlangt hatten, auch umzusetzen wussten.
Die k.u.k. Armee hingegen hatte viele Erfahrungen jüngerer Kriege ignoriert und hoffte zu sehr, mangelnde Ausrüstung durch die Tapferkeit der Soldaten ersetzen zu können. Man plante rasche Offensiven und so kam es, dass 1914 Tausende und Abertausende Soldaten in verlustreichen Sturmangriffen gegen gut gedeckte Schützengräben in den Tod geschickt wurden. In den Kämpfen von August bis Dezember 1914 verlor Österreich-Ungarn im Kampf gegen Russland die Blüte seiner Friedensarmee.

Mitte August 1914 drang die russische Armee in Ostpreußen ein. Ende August kommt es zur Schlacht von Tannenberg, bei der Russland eine empfindliche Niederlage erlitt. Demgegenüber standen die Erfolge der Russen etwas weiter im Süden. Hier gelang es den Russen die österreichisch-ungarische Armee in Galizien bis zu den Karpaten zurückzudrängen. Für Österreich-Ungarn galt es, die Russen in den Karpaten aufzuhalten und einen Durchbruch in die ungarische Tiefebene zu verhindern. Während dieser ereignisreichen Zeit befand sich Heinrich Sevin noch in Wien in der Militärausbildung. Ende Oktober erhält auch er den Marschbefehl. Zunächst geht es in die Karpaten.

V. Die Schauplätze dieses Tagebuchs

Heinrich Sevins Spuren heute zu folgen ist nicht einfach. In den letzten 100 Jahren hat sich die Landkarte Osteuropas erheblich geändert. Nationalstaaten wurden gegründet, Grenzen neu gezogen, Orte wurden umbenannt.

Karte 1 (übernächste Seite)
gibt einen Überblick auf die Schauplätze des Tagebuchs von Heinrich Sevin. Sie zeigt stark vereinfacht einen Ausschnitt der Landkarte Europas der Gegenwart. Darauf eingetragen sind die drei Regionen, in denen Sevin eingesetzt war:

1. Karpaten (30. Oktober 1914 bis 9. November 1914 und 22. Februar 1915 bis 06. Juli 1915)
Über die Stadt Ungvár (heute Uschhorod, Ukraine) am südlichen Karpatenrand kommt Sevin zweimal zur Front in den Karpaten. Das erste Mal am 30. Oktober 1914. Schon nach 10 Tagen wird er zu einem anderen Frontabschnitt abgezogen und verlässt die Karpaten mit einem Zug Richtung Wien. Das zweite Mal kommt Sevin am 23. Februar 1915 an die Karpatenfront. Als die Russen Anfang Mai 1915 die Front aus den Karpaten zurücknehmen, folgen die österreichisch-ungarischen Truppen ihren Gegnern. Sevins Einheit folgt den Russen bis kurz hinter Lemberg (heute Lwiw, Ukraine). Von dort reist er krankheitsbedingt am 6. Juli 1915 in die Heimat.

2. Oppeln – Petrikau (10. November 1914 bis 21. Februar 1915)
Nach kurzem Aufenthalt in den Karpaten wird Sevin im November 1914 nach Oberschlesien verlegt. Der Truppentransport fährt über Wien und endet am 13. November ca. 30 km östlich von Oppeln (Deutsches Reich, heute: Opole, Polen). Am 15. November überschreitet er ca. 50 Kilometer nordöstlich von Oppeln die Grenze nach Russland. Kurz dahinter erlebt er am 19. November sein erstes Gefecht. Mit der zurückweichenden russischen Frontlinie rückt Sevin bis in die Region südlich von Pietrokow (heute: Piotrków Trybunalski, Polen, frühere deutsche Bezeichnung: Petrikau) vor, wo er auch den Jahreswechsel 1914/15 verbringt. Mitte Februar wird Sevins Einheit aus dieser Region abgezogen und wieder zurück in die Karpaten transportiert.

3. Brody (30. Dezember 1915 bis 5. August 1916)
Zwischen dem 11. Juli 1915 und dem 30. Dezember 1915 gibt es im Tagebuch keine Einträge. Nach seinem Heimaturlaub stößt er am 30. Dezember 1915 ungefähr 30 Kilometer östlich von Brody (heute Ukraine) an der damaligen Grenze Russlands zu Galizien wieder auf seine Einheit. Sieben Monate später gerät er nur wenige Kilometer von hier in russische Kriegsgefangenschaft.

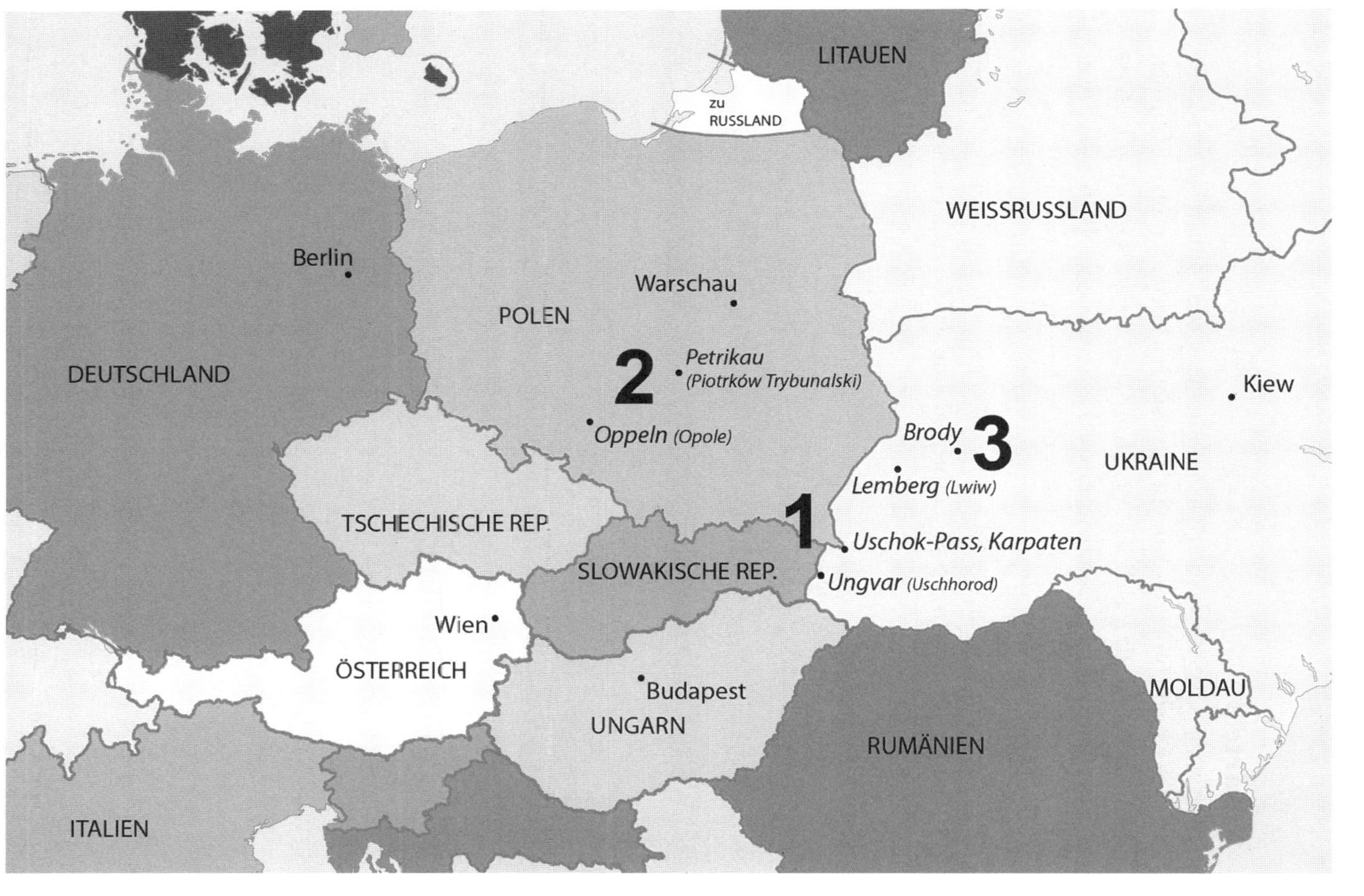
LITAUEN
zu RUSSLAND
WEISSRUSSLAND
Berlin
Warschau
POLEN
DEUTSCHLAND
2
Petrikau (Piotrków Trybunalski)
Kiew
Oppeln (Opole)
Brody
3
UKRAINE
Lemberg (Lwiw)
1
TSCHECHISCHE REP.
Uschok-Pass, Karpaten
SLOWAKISCHE REP.
Ungvar (Uschhorod)
Wien
ÖSTERREICH
Budapest
MOLDAU
UNGARN
RUMÄNIEN
ITALIEN

Karte 2
zeigt das Gebiet der österreichisch-ungarischen Monarchie um 1900. In der rechten oberen Ecke ist das österreichische Kronland Galizien zu erkennen, dass sich von den Karpaten bis zur Grenze mit Russland nördlich von Lemberg erstreckt. Sevin geriet 1916 östlich von Lemberg, der Hauptstadt Galiziens, in Kriegsgefangenschaft, vor der Grenze zu Russland, also auf dem Territorium Österreich-Ungarns. Seine Heimat ist an der Südgrenze Österreich-Ungarns zu finden, bei Neusatz (heute Novi Sad, Serbien). Seine Militärausbildung machte er in Wien.

Lemberg
Wien
Neusatz
RUSSLAND
Galizien
Böhmen
Mähren
Nieder-
Ober
Österr
Ungarn
Siebenbürgen
Banat
Slavonien
Kroatien
Bosnien
Krain
Steiermark
Tirol
Küstenland
Istrien
ADRIA
RUMÄNIEN
Walachei
SERBIEN
Prag
Pilsen
Dresden
Leipzig
Breslau
Krakau
Brünn
Pressburg
Budapest
Debreczin
Szegedin
Kecskemet
Graz
Linz
München
Augsburg
Nürnberg
Stuttgart
Würzburg
Venedig
Verona
Brescia
Padua
Bologna
Modena
Parma
Ravenna
Triest
Fiume
Belgrad
Temesvar
Arad
Klausenburg
Hermannstadt
Kaschau
Tarnopol
Przemysl
Innsbruck
Salzburg
Olmütz
Troppau
Ratibor
Oppeln
Neisse
Görlitz
Plauen
Erfurt
Coburg
Ingolstadt
Landshut
Ulm
Raab
Fünfkirchen
Mohács
Esseg
Agram
Laibach
Marburg
Klagenfurt
Plattensee
Donau

Karte 3

zeigt die Ostfront Ende Dezember 1914. Im oberen Drittel der Karte sieht man den Kriegsschauplatz der Masuren. Heinrich Sevin war in Galizien und dessen Randgebieten eingesetzt, also im unteren Drittel der Karte. Nördlich und östlich von Lemberg ist schraffiert die Grenze Russlands zu Österreich-Ungarn zu sehen. Südlich von Lemberg sind die Karpaten, bis hierhin sind die russischen Truppen in Galizien eingedrungen. In der winterlichen Berglandschaft der Karpaten kam die Front zum Stehen. Ein möglicher Durchbruch der russischen Armee in den Karpaten stellte eine Bedrohung für die Mittelmächte dar, wäre ja dann für die Russen der Weg zur ungarischen Tiefebene frei gewesen. In Folge der Durchbruchsschlacht bei Gorlice-Tarnow (Markierung links) mussten die Russen im Sommer 1915 die Front fast bis zur Ausgangsposition an der russischen Grenze zurücknehmen.

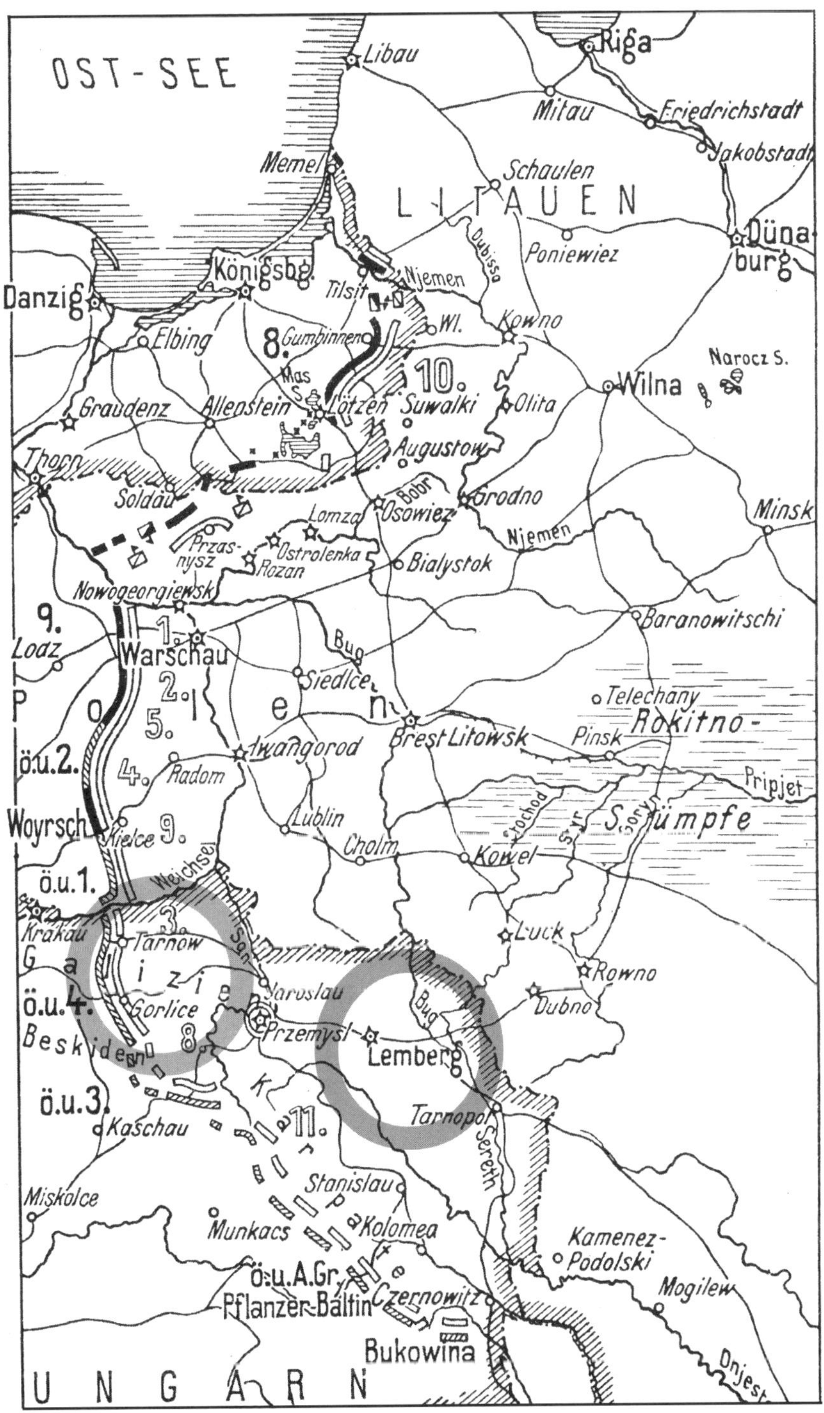

OST-SEE
Libau
Riga
Mitau
Friedrichstadt
Jakobstadt
Memel
Schaulen
LITAUEN
Dubissa
Dünaburg
Poniewiez
Königsbg.
Tilsit
Njemen
Danzig
Elbing
8.
Gumbinnen
Wl.
Kowno
Narocz S.
10.
Mas. S.
Wilna
Lötzen
Suwalki
Olita
Graudenz
Allenstein
Augustow
Thorn
Soldau
Bobr
Osowiez
Grodno
Minsk
Lomza
Njemen
Przasnysz
Ostrolenka
Rozan
Bialystok
Nowogeorgiewsk
9.
Baranowitschi
1.
Loaz
Warschau
Bug
2.
Siedlce
Telechany
P o l e n
5.
Brest Litowsk
Rokitno-
Iwangorod
Pinsk
ö.u.2.
4.
Radom
Pripjet
Jochod
Styr
Horyn
Woyrsch
Kielce
9.
Lublin
Sümpfe
Cholm
Kowel
ö.u.1.
Weichsel
3.
Krakau
Tarnow
San
Luck
Rowno
G a l i z i e n
ö.u.4.
Gorlice
Jaroslau
Dubno
Bug
8
Przemysl
Lemberg
Beskiden
ö.u.3.
Tarnopol
Kaschau
11.
K a r p a t e n
Sereth
Stanislau
Miskolce
Munkacs
Kolomea
Kamenez-Podolski
ö.u.A.Gr.
Pflanzer-Baltin
Czernowitz
Mogilew
Bukowina
Dnjestr
U N G A R N

Karte 4

gibt einen Überblick über den Kriegsschauplatz der Karpaten (hier mit Frontverlauf 1. bis 23. Januar 1915). Als Orientierungspunkte sind die Städte Lemberg und Ungvar herausgehoben. In der Mitte sind der Uschok-Pass und die Stadt Turka markiert. Westlich von Lemberg ist die Festung Przemysl gekennzeichnet.

Sevin kommt erstmals am 30. Oktober 1914 über Ungvar in die Karpaten. Nach Überquerung des Uschok-Passes (853 m) kommt er nach Turka (heute Ukraine, im Dreiländereck Slowakei, Polen, Ukraine). Er sieht Kampfspuren, hört Kanonendonner, wird aber selber nicht in Kampfhandlungen verwickelt. Schon nach wenigen Tagen wird Sevins Einheit aus der Gegend um Turka abgezogen und am 9. November in einen Zug „einwaggoniert". Wenige Monate später, Ende Februar 1915, kommt Sevin über das oberschlesische Industriegebiet und Ungvar wieder zurück in die Karpaten.

In den Karpaten tobt inzwischen die Karpatenschlacht. Die Festung Przemysl nördlich der Karpaten war mit über 120.000 Mann Besatzung seit dem Herbst 1914 durch die Russen eingeschlossen. Mit groß angelegten Angriffen sollte die Karpatenfront durchbrochen und die besetzte Festung befreit werden. Die Entsatzversuche scheiterten, die Festung Przemysl kapitulierte am 22. März. Die Schlachten in den Karpaten forderten von den österreichisch-ungarischen Armeen und von der deutschen Südarmee mehr als 600.000 Tote, Verwundete und Vermisste. Die russische Seite hatte gleich hohe Verluste zu beklagen.

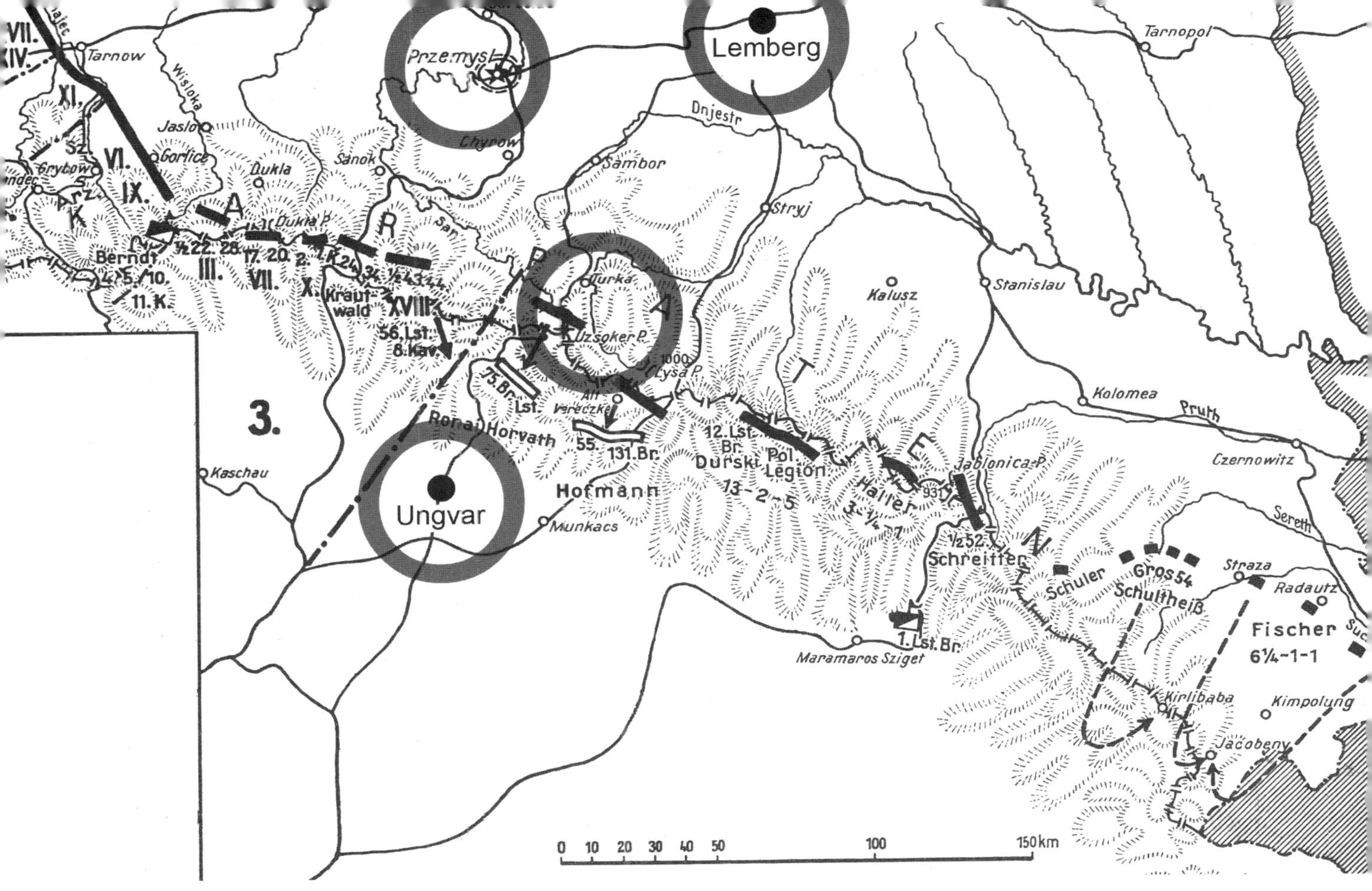
3.
Tarnow
Tarnopol
Lemberg
Przemysl
Chyrow
Wisloka
Jaslo
Gorlice
Grybow
Dukla
Sanok
Sambor
Dnjestr
Stryj
Stanislau
Kalusz
Kolomea
Pruth
Czernowitz
Sereth
Straza
Radautz
Kimpolung
Jacobeny
Kirlibaba
Maramaros Sziget
Munkacs
Ungvar
Kaschau
San
Dukla P.
Uzsoker P.
Turka
Lysa P.
1000
Vereczke
Jablonica P.
931
VII.
XIV.
XI.
VI.
IX.
Sz.
Berndt
½22. 28.
17. 20. 2.
7.K. 24. 34. ½43. 44.
III.
VII.
X.
Krautwald
XVIII.
56. Lst.
8. Kav.
11. K.
75. Br.
Lst.
Rorai Horvath
55.
131. Br.
Hofmann
12. Lst. Br.
Durski
Pol. Legion
13-2-5
Haller
3-¼-1
½52.
Schreitter
1. Lst. Br.
Schuler
Gros 54
Schultheiß
Fischer
6¼-1-1
0 10 20 30 40 50 100 150 km

Eisenbahnbrücke am Uschok-Pass

Fuhrkolonne auf dem Weg zum Uschok-Pass

Verwundetentransport am Uschok-Pass

Fahrküche auf Schlitten in den Karpaten

Österreichische Proviantkolonne am Uschok-Pass.
Anfang Januar 1915 betrug die Schneehöhe in den Karpaten 2 Meter und mehr.

RICHARD
ASSMANN/14

„Die Säuberung eines Karpathenpasses von den aus Galizien eingedrungenen Russen durch österreichisch-ungarische Truppen". Nach einer Zeichnung des Sonderzeichners der „Illustrirten Zeitung" Richard Assmann

„Wiener Humor in einer Reservestellung in den Karpathen“.
Nach einer Zeichnung des Sonderzeichners der „Illustrirten Zeitung“
Wilhelm Gause

Historische Ansichtkarten von Ungvar

Ungvár

Látképe

UNGVÁR Kossuth Lajos tér

Ungvár Izraelita templom

Karte 5
zeigt einen Ausschnitt der Karpatenfront. Am 6. März 1915 berichtet Sevins Tagebuch über heftige Gefechte mit vielen Verwundeten und Toten. Auch in den Tagen darauf geht es in den Aufzeichnungen um die verlustreichen Kämpfe, die sich auf dem „Unheilsberg" abgespielt haben. Gemeint ist damit der Berg Manilowa (auch: Kote 810). Bei diesen Kämpfen verdient sich Sevin seine große Silberne Tapferkeitsmedaille 1. Klasse, die er dann viele Jahre später vorne in dem Tagebuch befestigt. Die Karte zeigt die Situation zum Zeitpunkt 16. Februar bis Anfang April 1915, markiert sind der Berg Manilowa und zur Orientierung die Lage des Uschok-Passes.

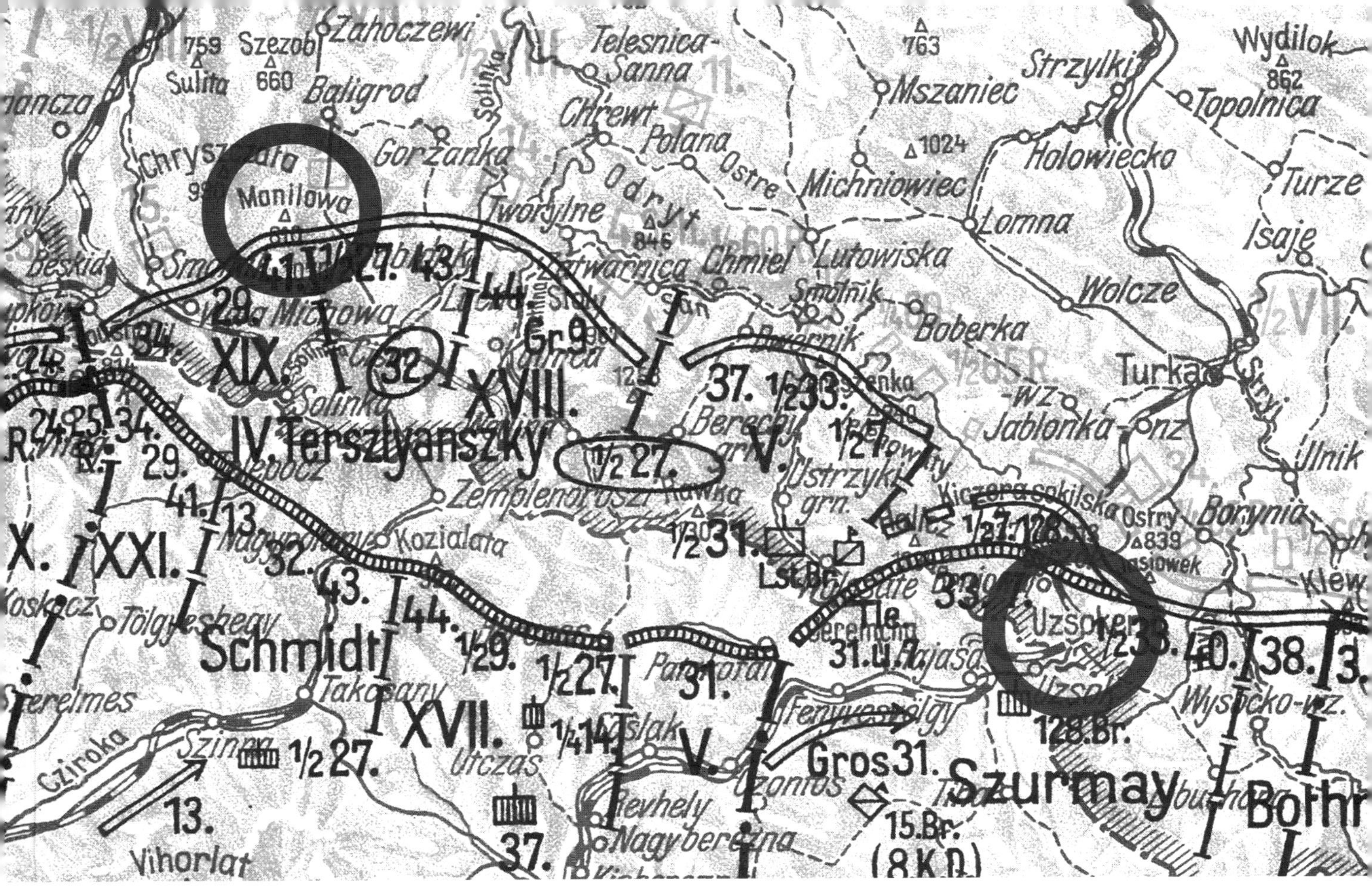

Zahoczewi
759 Sulita
Szezob 660
Baligrod
Gorzanka
Telesnica-Sanna
Chrewt
Polana
Ostre
Odryt 846
Tworylne
Mszaniec
763
1024
Michniowiec
Lomna
Strzylki
Holowiecko
Wydilok 862
Topolnica
Turze
Isaje
Manilowa
Beskid
XIX.
29.
Solinka
32
XVIII.
Gr. 9
IV. Tersztyanszky
1/2 27.
Zemplenoroszi
Kozialata
Chmiel
Lutowiska
Smolnik
Boberka
Wolcze
Turka
Stryj
Jablonka
Ilnik
Borynia
Ostry 839
37. 1/2 33.
V.
Ustrzyki grn.
1/2 31.
Lst. Br.
Kiczera sokilska
1/2 27. 128.
33.
Uzsok
1/2 38. 40.
38.
Klew
X.
XXI.
29.
41.
13.
32.
43.
44.
Tölgyeshegy
Schmidt
1/2 29.
1/2 27.
31.
31. u. Fajasa
Takcsany
XVII.
1/4 14.
Fenyvesvölgy
128. Br.
Wysocko-wz.
Szinna
1/2 27.
Ciroka
13.
Vihorlat
37.
Nagyberezna
V.
Gros 31.
Szurmay
15. Br.
(8 K.D.)
Bothm

Karte 6

Der große Durchbruch der Mittelmächte in den Karpaten erfolgte Anfang Mai 1915. Die Gorlice-Tarnow-Offensive in Galizien (im heutigen südlichen Polen gelegen; Pfeile in der Karte) führte dazu, dass die Russen ihre Front zurücknehmen mussten (zur Orientierung ist unten Mitte der Uschok-Pass markiert). Sevin berichtet am 8. Mai 1915, dass eine Patrouille leere russische Stellungen vorfand. Seine Einheit wird nun die zurückziehenden Russen nach Nordosten verfolgen und die Karpaten verlassen. Am 14. Mai hält Sevin im Tagebuch fest: „Berge sind hinter uns". Ungefähr 30 Kilometer nordöstlich von Lemberg (mittlere Markierung) wird Sevin krankgeschrieben. Am 6. Juli verlässt Sevin Lemberg mit dem Zug Richtung Heimat. Die Karte zeigt die Veränderung des Frontverlaufs von Ende April 1915 bis zur Winterstellung 1915/16 (fette durchgezogene Linie rechts). Dorthin, in die Nähe von Brody (rechte Markierung), wird Sevin dann Ende Dezember an die Front zurückkehren.

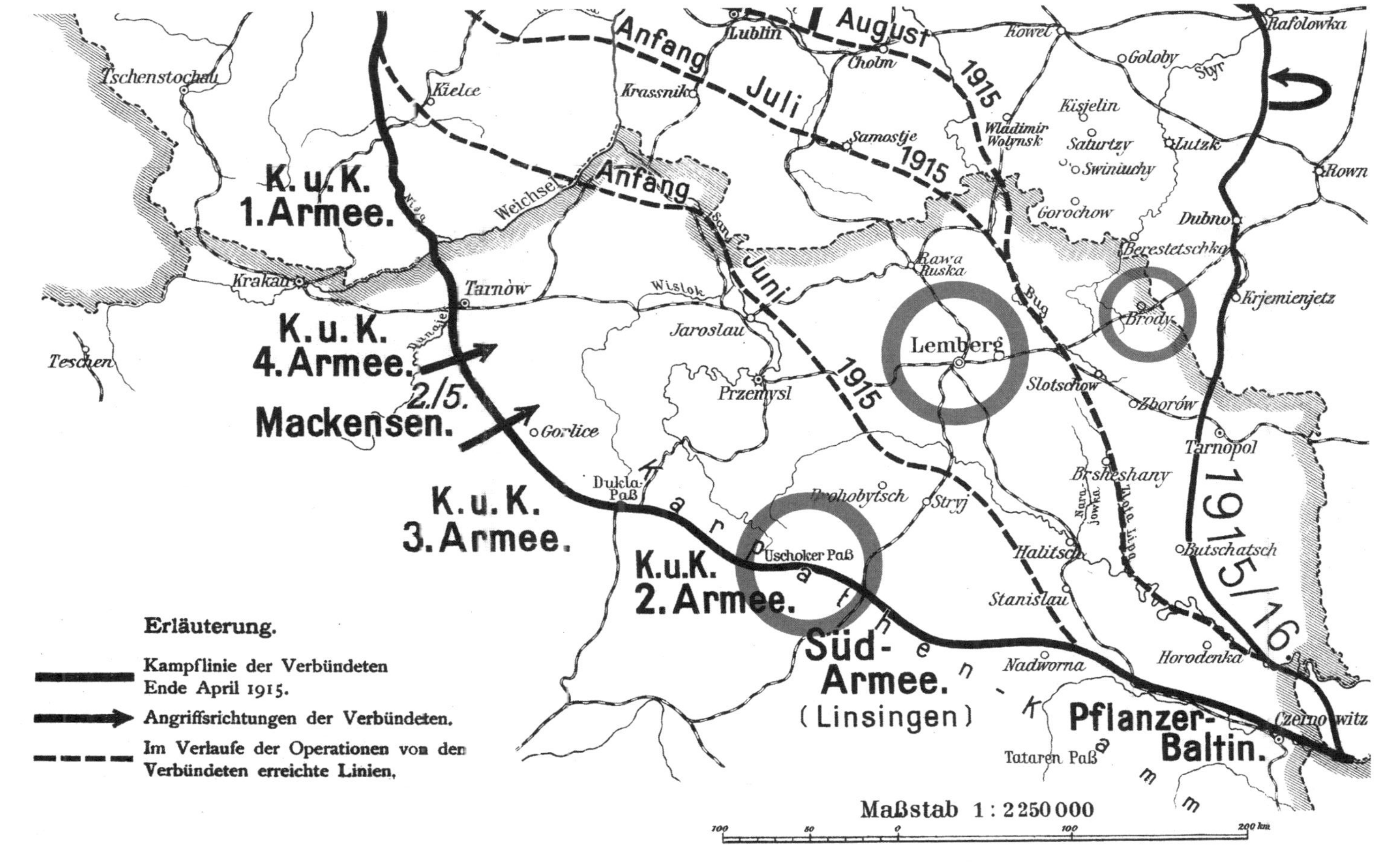

K. u. K.
1. Armee.
K. u. K.
4. Armee.
2./5.
Mackensen.
K. u. K.
3. Armee.
K.u.K.
2. Armee.
Süd-
Armee.
(Linsingen)
Pflanzer-
Baltin.
Anfang
Anfang
Juli
August
Juni
1915
1915
1915
1915
1915/16.
Karpathenkamm
Tschenstochau
Kielce
Krassnik
Lublin
Cholm
Kowel
Rafolowka
Goloby
Styr
Kisjelin
Wladimir Wolynsk
Saturtzy
Swiniuchy
Lutzk
Rown
Samostje
Gorochow
Dubno
Weichsel
San
Berestetschko
Rawa Ruska
Krakau
Tarnow
Wislok
Bug
Krjemienjetz
Brody
Teschen
Jaroslau
Lemberg
Slotschow
Zborów
Przemysl
Gorlice
Tarnopol
Brsheshany
Dukla-Paß
Prohobytsch
Stryj
Narajowka
Zlota Lipa
Uschoker Paß
Halitsch
Butschatsch
Stanislau
Nadworna
Horodenka
Czernowitz
Tataren Paß
Erläuterung.
Kampflinie der Verbündeten Ende April 1915.
Angriffsrichtungen der Verbündeten.
Im Verlaufe der Operationen von den Verbündeten erreichte Linien.
Maßstab 1 : 2250000
100
50
0
100
200 km

Historische Ansichtkarten von Lemberg

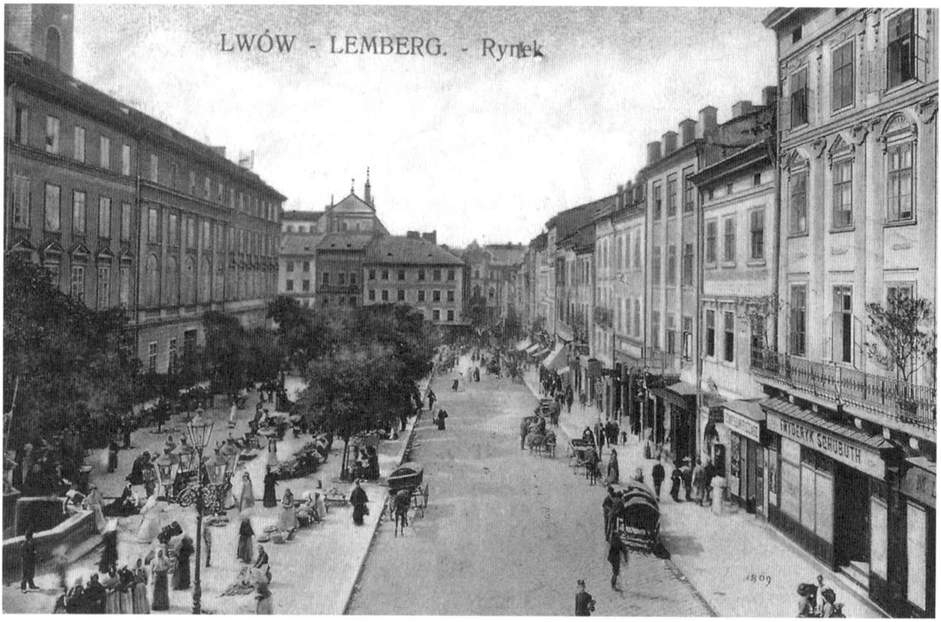

LWÓW - LEMBERG. - Rynek

1809

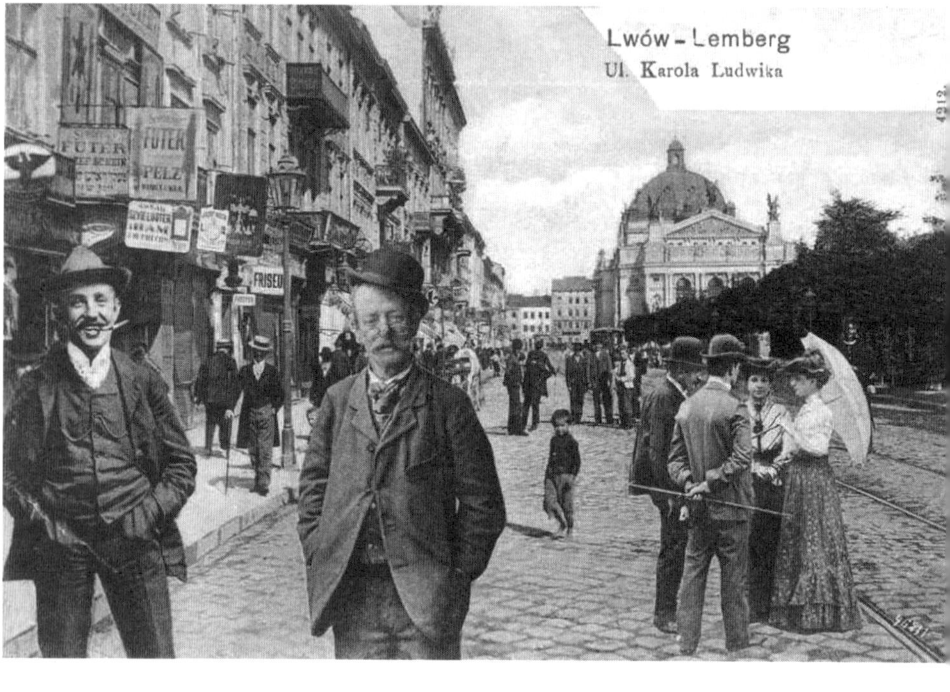

Lwów - Lemberg
Ul. Karola Ludwika

4212

Pomnik Sobieskiego
Sobieski - Denkmal

Lwów — Lemberg

R. & J. D. 6892 D, 11

Lwów.
Lemberg.

Teatr miejski.
Stadttheater.

Karte 7

Zwischen dem 6. Juli 1915 und dem 30. Dezember 1915 gibt es im Tagebuch keine Einträge. Am 30. Dezember meldet sich Sevin im Regimentsbüro, 30 Kilometer östlich von Brody (Markierung links oben, ca. 120 nordöstlich von Lemberg), zurück. Hier unmittelbar an der Grenze Galiziens zu Russland ist die Front zum Stillstand gekommen. Die Gegner haben sich in ihren Stellungen eingegraben. Erwähnung findet im Tagebuch öfters der Fluss Ikwa (Markierung) und das Dorf Sopanow nördlich davon. Hier im Stellungskrieg nutzt Sevin in ruhigeren Phasen die Zeit, indem er zum Beispiel die im Tagebuch eingeklebte Sternenkarte zeichnet. Die Situation des Stellungskrieges ändert sich grundlegend am 4. Juni 1916 (Sevins Geburtstag) als die russische Brussilow-Offensive beginnt und auch Sevins Frontabschnitt unmittelbar betroffen ist. Folgte der Frontverlauf in diesem Abschnitt zu Beginn der Offensive annähernd der Grenze zu Russland (schraffierte Linie), so wurde sie in den Wochen darauf weiter nach Westen gedrängt. Die Karte zeigt die Frontverschiebungen im August 1916. Bei Markopol (Markierung) gerät Sevin am 5. August 1916 in russische Gefangenschaft.

XXXII.
Radziwiłłów
Sopanów
Krzem
Bereżce
XVII.
106.
27.
2.9.7.
Ikwa
Łopuszno
V.
Markopol
31.
VII.
Gorvn
6.8.
8.8.
Założce
13.8.
6.8
14.
IV.
11.8.
Zborów
Worobijówka
32.
VI.
Jezierna
IX.
Strypa
TARNOP
19.
Koniuchy

VI. Begriffserklärungen

Absentierung: sich von der Truppe entfernen, auf Urlaub fahren.
adjustieren: vorschriftsmäßiges Anlegen von Bekleidung und Ausrüstung.
Ärarisch: dem Staat gehörend, Staatseigentum
Aeroplan: Flugzeug
Alliierte: Bündnis gegen die Zentralmächte bestehend aus Frankreich, Rußland, Serbien, Großbritannien (samt Kolonien) Belgien, Japan, Italien, Rumänien, USA u. a.
Anbinden, auch Ausbinden: österreichisch-ungarische Militärstrafe. Schon bei kleinen Vergehen konnten die Vorgesetzten diese Strafe verhängen. Der „Schuldige" wurde an hinter dem Rücken gebundenen Händen an einem Baum oder Pfahl so weit hochgezogen, dass er gerade noch auf Zehenspitzen stehen konnte. Sevin schreibt darüber im Tagebuch. Am 7. März 1917 wurde durch Kaiser Karl die Militärstrafe des „Ausbindens" abgeschafft.
Assentierung: Musterung
Aviso: Nachricht, Anweisung, Mitteilung. Im Tagebuch von Sevin kommt der Begriff „Aviso" häufig vor und wird hier als Befehl verstanden.
Bajonett: Auch Seitengewehr genannt. Stichwaffe mit einer Einrichtung zum Aufstecken am Gewehrlauf.
Baon: Abkürzung für Bataillon. In Friedenszeiten ca. 1000 Mann.
Batterie: Artillerieeinheit im Normalfall mit 6 Geschützen.
Bosniaken: Kurzbezeichnung der vier bosnisch-herzegowinischen Infanterieregimenter (auch genannt bh 1-4). Sie trugen den Fez als Kopfbedeckung und waren gefürchtete Kämpfer.
Brussilow-Offensive: nach General Brussilow benannt, der als Kommandant der Südwestfront am 4. Juni 1916 eine große Offen-

sive begann. Die russische Armee änderte ihre Taktik und zerstörte durch lange anhaltendes Artilleriefeuer die österreichisch-ungarischen Grabenstellungen. Es gelang den Russen in den ersten Tagen der Offensive der Durchbruch bei Olyka auf einer Breite von 85 km. Die österreichisch-ungarische 4. Armee musste sich für fast 50 km zurückziehen. Russische Angriffe am 6. und 7. Juni 1916 durchbrachen die Front der österreichisch-ungarischen 7. Armee bei Jastowice und Okna, am 18. Juni 1916 fiel Czernowitz wieder in russische Hand.

Dekagramm: österreichisch-ungarische Maßeinheit 1 dg = 10 Gramm

Fassung: Verpflegung

Feldkurat: Feldgeistlicher bei der Armee.

Feldpost: kostenlose Beförderung der Soldatenpost von und zur Front. Aus Geheimhaltungsgründen bekamen alle Einheiten Feldpostnummern, so dass auch ohne Adressangabe die Post ankam. Die Feldpost wurde streng zensiert.

Generalmarsch: Trompetensignal um im Niemandsland ein Treffen von Parlamentären anzukündigen (Feuer einstellen).

Gewehr: Sevin meint damit das Maschinengewehr (MG).

Grabenspiegel: in einem Rohr waren zwei parallele Spiegel angebracht, so konnte man das Vorfeld beobachten ohne die Deckung zu verlassen.

Haubitzen: Geschütze mit kurzem Rohr fur Steilfeuer zur Beschießung wenig gepanzerter Ziele.

Honvéd: ungarische Landwehr (königlich ungarisch k.u.) 32 Infanterieregimenter, Husaren, Artillerie, techn. Truppen, Sanität etc.

i.d.R.: in der Reserve

Infanterie-Schutzschild: Stahlschild mit verschließbarer Schießscharte für den Einbau im Schützengraben. In Sevins Tagebuch gut auf Fotos zu sehen (1916).

I.R.: Abkürzung für Infanterie-Regiment (auch Inf. Regmt.).

Kader: Stammpersonal einer Truppe.

Kaiserjäger: 4 Regimenter gebirgsgewohnte Tiroler Elite-Einheiten.
Kaiserschützen: 3 Regimenter der k.k. Landwehr. Bis Anfang 1917 Landesschützen genannt. Am 16. Januar 1917 verlieh Kaiser Karl ihnen per Dekret den Namen „Kaiserschützen".
Kanonen: Geschütze zum Beschuss beweglicher Ziele. Das lange Rohr ergibt eine hohe Geschwindigkeit der Granate und eine flache Schussbahn.
Kommisbrot: im Feld gebackenes Brot.
Kompanie: österreichisch-ungarische, theoretische Kampfstärke mit 5 Offizieren, 250 Unteroffizieren und Mannschaften. 3-4 Kompanien bilden ein Bataillon (Baon).
Kot: Schlamm, Morast
Kote: topographische Höhe eines Geländepunktes über einer Vergleichsfläche.
Korporal: erster Unteroffiziers-Dienstgrad.
Kukuruz: Mais
Latrine: primitive Toilette im Feld
Legitimationskapsel: ähnlich einem Medaillon, aus Messing, mit einem Einlegezettel, der Angaben zur Identifikation des Armeeangehörigen enthielt. Wurde an einer Wollschnur in der Hosentasche getragen.

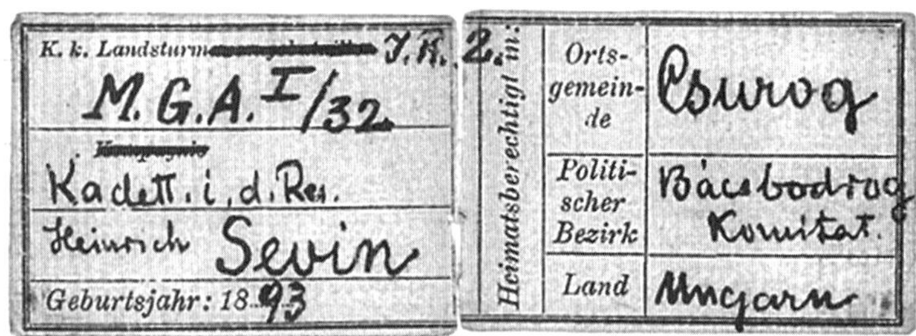

K. k. Landsturm I. R. 2.
M.G.A. I/32
Kadett. i. d. Res.
Heinrich Sevin
Geburtsjahr: 1893

Heimatsberechtigt in:

Ortsgemeinde	Csurog
Politischer Bezirk	Bácsbodrog Komitat.
Land	Ungarn

Teil des Einlegezettels aus der Legitimationskapsel des Heinrich Sevin

Liebesgaben: Zu Weihnachten und Ostern von der Bevölkerung gespendete Pakete für die Soldaten an der Front. Der Inhalt bestand meist aus Rauchwaren, Esskonserven und Textilien.
Mannlicher M95: Standardwaffe der österreichisch-ungarischen Soldaten. Geradezug-Repetiergewehr mit Ladestreifen für 5 Patronen, 8 x 50 R, Länge ohne Bajonett 100-123 cm.
Marod: Ausdruck für krank, ermattet, wegmüde.
Marodenvisite: Krankmeldung im Felde.
Marschbataillon: Ersatztruppe zum Auffüllen eines Regimentes an der Front. Stellte sich zusammen aus geheilten Kranken und Verwundeten und neu Rekrutierten. Marschbataillone von Eliteeinheiten wurden manchmal auch als Eingreifreserve außerhalb ihrer Einheit verwendet.
Maskierung: Tarnung
Menage: Verpflegung, warmes Essen, auch Gefäß zum Essen holen (Menageschale), auch Bezeichnung für Kantine (Offiziersmenage).
M.G.A: Maschinen-Gewehr-Abteilung. Sevin war Zugführer und Vormeister am Maschinengewehr. Seine Mannschaft bestand aus Korporalen und Soldaten in einer Stärke von ca. 50 Mann.
Sie waren mit Packpferden unterwegs und unterteilt in eine „Feuerstaffel" (die Pferde wurden mit den MG´s, den Schutzschilden und

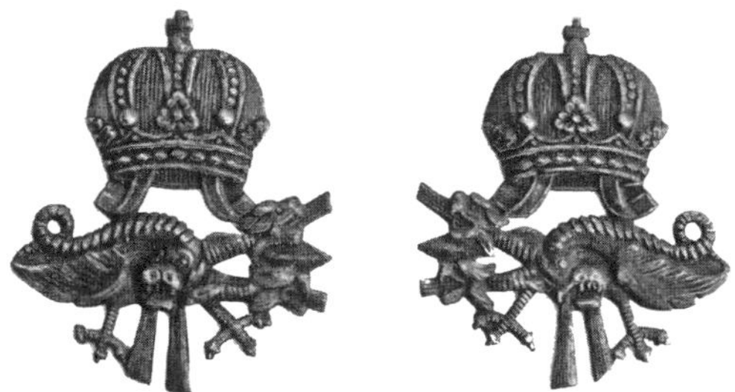

Die Angehörigen der Maschinen-Gewehr-Abteilungen/Kompanien waren durch eigene Abzeichen auf dem Uniformkragen (oben) und an der Kappe (folgende Seite) zu erkennen.

Lafetten beladen) und eine „Munitions-Staffel" (jedes Pferd wurde mit 8 Munitionsverschlägen mit je 250 Schuss Munition auf Textilgurten beladen). Sevins Zug war meist mit drei MG `s ausgerüstet.
Maschinengewehr: abgekürzt MG, Österreich-Ungarn verfügte mit dem Schwarzlose MG 07/12 über eine zuverlässige Waffe. Konstrukteur war Andreas Wilhelm Schwarzlose aus Deutschland.

Das „Schwarzlose"-MG: aufgenommen als „Beute"-MG vom italienischen Militär

Maschinengewehr im Einsatz

Ein russisches Beute-MG mit der Sokolow-Radlafette.
Bedient von österreichischen Landesschützen

Zeitgenössische Postkarte

Hersteller war die österreichische Waffenfabrik Gesellschaft in Steyr 1905-1919. Das MG 07/12 arbeitete nur mit dem Rückstoß, wobei der schwere Verschlussblock von einer mächtigen Feder gebremst wurde. Es verschoss die Infanterie-Standardpatrone 8 x 50 R Mannlicher aus Textilgurten. Kadenz 500 Schuss/Min. Um Ladehemmungen zu vermeiden, wurde ein Ölbehältnis eingebaut, von dem aus die Patronen einzeln geschmiert wurden. Zur Dämpfung des starken Mündungsfeuers hatte das MG einen auffallend großen Trichter am Laufende. Das MG 07/12 war mit einem abnehmbaren Schutzschild ausgerüstet und auf einer Dreibein-Lafette montiert. Der Lauf wurde wassergekühlt. Im Laufe des Krieges wurde das „Schwarzlose" ohne Schutzschild und mit Zweibein als sog. „Handmaschinengewehr" eingesetzt.

Maschinengewehr, russisches, zaristische Armee: das MG PM 1910 basierte auf dem Maxim MG und war eine robuste Waffe. Erste Waffen als Lizenzmodelle aus britischer und deutscher Produktion. Im russisch-japanischen Krieg 1904/1905 von beiden Seiten eingesetzt. 1910 stark überarbeitet und vereinfacht. Das PM 1910 verfügte über einen Rückstoßverstärker an der Mündung, der den Ladevorgang unterstützte. Das MG war wassergekühlt und verschoss die russische Standardpatrone 7,62 x 54 R Mosin Nagant aus Textilgurten. Kadenz 500-600 Schuss/Min. Häufig war das PM 1910 auf der nach ihrem Konstrukteur benannten „Sokolow-Radlafette" montiert. Diese besaß Stahlräder und ein abnehmbares Schutzschild. Bei voller Ausrüstung brachte das MG fast 70 kg auf die Waage.

Minenwerfer: im Laufe des Krieges Vervielfachung von Minenwerfern in den unterschiedlichsten Kalibern. Verschossen durch Explosivstoffe oder Druckluft war diese Steilfeuerwaffe auf kurzer Distanz sehr wirksam.

Mörser: extremes Steilfeuergeschütz, hauptsächlich zur Bekämpfung fester, gepanzerter Ziele. „Berühmt" war der österreichisch-ungarische 30,5 cm Skoda-Mörser, der durch die Auto- und

Motorkonstruktion von Porsche eine hohe Beweglichkeit erreichte (Motormörser).

Offiziers-Messe: Speiseraum, Gaststätte, Kasino für Offiziere.

Ordonanz: abgestellter Soldat zur Befehlsübermittlung (Melder), auch zum Servieren im Offizierskasino.

Parlamentär: Unterhändler zwischen den Kriegsparteien

Pesti Hirlap, Pester Lloyd: Tageszeitungen aus Budapest.

Propaganda: um den Hass auf den Feind zu schüren, um Soldaten zu werben und Geld/Gold für Kriegsanleihen zu bekommen, war jedes Mittel recht. Die Gegner wurden allgemein und von beiden Seiten immer nur als brutale Barbaren, die Kriegsverbrechen verübten, dargestellt. Es gab kaum Künstler, die sich während des Krieges nicht für die Propaganda hergaben.

Regiment: bestand bei der österreichisch-ungarischen Armee aus Regiments-Stab und 4 Bataillonen, theoretisch 4.000 Mann.

Schrapnell: im Gegensatz zu den dickwandigen Sprenggranaten waren Schrapnellgeschosse dünnwandig und je nach Kalibergröße mit mehr oder weniger Bleikugeln gefüllt. Bei der in der Luft erfolgten Zündung der Ladung wurden die Bleikugeln wie bei einem Schrotschuss gestreut. Man verschoss Schrapnells auf Tragtierkolonnen, Anmarschwege und über Schützengräben. Auch zur Flugzeugabwehr eingesetzt.

Schwarmlinie: Schützenlinie der Infanterie im Angriff.

Stahlhelm: die österreichisch-ungarischen Soldaten hatten 1914 keinen Stahlhelm. Erst Ende 1916/Anfang 1917 bekamen Sturmtruppen und Eliteeinheiten Stahlhelme nach deutschem Muster. Eine österreichisch-ungarische Entwicklung war der „Berndorfer Helm“ der Fa. Krupp-Berndorf, der 1917 in größeren Stückzahlen ausgeliefert wurde.

Technische Truppen: umfassten Sappeure für den Bau von Unterständen, Verschanzungen und Schützengräben sowie Pioniere für den Bau von Brücken etc., Eisenbahnregimenter, Telegraphenregi-

menter, Luftschiffer und Automobil-Abteilungen.
Telefon: im Stellungskrieg das wichtigste Kommunikationsmittel, das jedoch zahlreiche Schwächen aufwies. Durch Artilleriefeuer immer wieder unterbrochen, mussten unter großen Verlusten die zerschossenen Leitungen repariert werden. Außerdem waren Feldtelefone nicht abhörsicher. Über die Erdung konnte mittels Erdspieß das gegnerische Telefon „angezapft" werden, was oft entscheidende Informationen lieferte.
Tragtiere: Pferde, Maultiere und Esel, ausgerüstet mit Tragsätteln, die für den Transport von 100-150 kg Last vorgesehen waren. Im Laufe des Krieges wurden auch große Hunde vor sogenannte Hundekarren gespannt.
Überschwung: Koppel, zur Uniform gehörender Ledergürtel
Vergatterung: Truppen in Formation antreten lassen.
Vormeister: bei den MGA wurden Korporale als Gewehrvormeister bezeichnet.
Währung: die Krone war die Goldwährung Österreich-Ungarns bis 1918. Ab 1919 offiziell als österreichische Krone bezeichnet. 1 Krone = 100 Heller. Ungarische Reichshälfte 1 Korona = 100 Filler. Der im Rahmen des Goldstandards festgelegte Wechselkurs gegenüber der Mark des deutschen Kaiserreichs betrug 1912 1,176 Kronen.
Zentralmächte: (auch: Mittelmächte) nannte man die verbündeten Staaten Österreich-Ungarn, Deutsches Reich, Türkei und Bulgarien während des 1. Weltkrieges.

wieder 5 Tote, 11 Verwundete. Gestern nacht [illegible]
und [illegible]. Major [illegible] mit zu [illegible]
geflogen worden ist. Später ebenfalls hatte. [illegible]
in Nacht. [illegible] von [illegible] nämlich von [illegible]
kurven; wir wussten sofort, dass [illegible]
war. Hatten schon solche Demonstrationen [illegible]
gerte darauf, dass gleich danach eine [illegible]
eintrat, dass war das Boot übersprungen [illegible]
schon ganz hell war, schickte er [illegible] bekleidet
Dauer zu Hilfe. Die kam [illegible] schlief.
in welcher das Boot ruhig [illegible]. Es hiel[illegible]
Verstärkung und geschossen. [illegible]
Zugsführer der Sanität und [illegible]
Also das ist empörend! Nachm[illegible]
lösen. Gehe erst morgen 7 [illegible]
sagte Hptm., dass man die [illegible]
stechen müsste, denn die [illegible]
der 37er ebenso getan.

Heinrich Sevin
Tagebuchblätter aus dem Weltkrieg

Auszug aus den stenographischen Aufzeichnungen des

Heinrich Sevin während des Weltkriegs 1914 VIII. 9. - 1916 VIII. 5.

1914

1914 **Augusztus 9.** Sonntag

Csúrog. Sonntag.
Heute Mittag muss ich fort. Bin guter Laune. Liesi sagt, wenn es im Krieg auch grobe Kerle gibt, man muss nicht gleich mit jedem anfangen. Was soll ich auf der Geige zum letzten male spielen? Den Rákóczy-Marsch!
Abends in Neusatz an einem Grabenrand vor der Kaserne. Die Leute werden dorfweise hineingerufen. Jetzt ist Kula drin. Heute kommen wir nicht dran, ging ins Gasthaus zu den „Drei Kronen“. Dann Spaziergang in Peterwardein. Man hört wir hätten den Lovčen eingenommen. Alles scheint so unordentlich zu sein. Hoffentlich bleibe ich nicht da, sondern muss nach Wien.

1914 **Augusztus 10.** Montag

Nur wenig geschlafen. Gegenüber eine Dampfmühle, die lärmte die ganze Nacht. Kühe gehen zur Weide.
Vor der Kaserne viele viele braune und grüne Kisten, ich habe nur ein kleines Paket. Erfahre, daß ich nach Wien muss zu den Deutschmeistern. Bin froh. Schreibe Karten nach Hause.
Am Bahnhof. Zug mit Soldaten fährt durch. Blumen an den Mützen. Wagenaufschrift „Achtung, Gift, Serbentöter". Eine gehenkte Gestalt, darunter: „König Petars Tod". Dann ein rührender Vers: „Der Kaiser ruft, es ruft die Pflicht, lebt wohl ihr Lieben, vergesst mich nicht!" Gendarmen führen etwa 20 Männer und Frauen, Verräter? Soviel, schon jetzt? - Wir fahren. Vergeßt uns nicht! Der Schaffner führt mich und Kocánski in ein Abteil II. Klasse. In Feketehegy wird ein junger Serbe vom Zug geholt: „Ki bivjă ergem vŭsza?" fragt er. Der Gendarm führt ihn beiseite: „Kommen Sie, ich werde es Ihnen sagen!" Unheimlich. Kocánski schweigt.

1914 **Augusztus 11.** Dienstag

Budapest.
In jeder Auslage das Bild Wilhelm II. Traf einen Bekannten. Um 10 Uhr ab nach Wien.
Auch Deutsche aus Odessa im Zug, die mit dem letzten Schiff flüchteten, sind fröhlich, schwarz-weiß-rotes Bändchen im Knopfloch. Wenig Fahrgäste, nur III. Klasse.
In Komon werden etwa 50 serbische Gefangene aus unserem Zug geholt, die meisten sehen wild aus. Ein Alter ist unter ihnen, hat ein Spiegel-Schränkchen unterm Arm, ein serbischer Pope, staubig, sein glänzender schwarzer Hut ist zerschlagen. Zwei zu zwei sind mit dünnen Stricken zusammengebunden. Eine Frau unter ihnen geht frei.
- Die Nacht ist schön.

1914 **Augusztus 12.** Mittwoch

Bin gedrückter Stimmung. Um 5 Uhr früh in Wien. Ging zur Tante, war entsetzt, daß ich auch schon an der Reihe bin. Dann in die Kaserne, abends bekam ich Montur. Neue Sackhose, alten Rock und Mütze. Rennweg.

1914 **Augusztus 13.** Donnerstag

Schlief auf Stroh, allerdings ausgezeichnet. Um 5 Uhr auf. Zur Übung in der Sonne bis 11 Uhr, dann mit dem Geschirr zur Küche: Gulyás mit Makkaroni. Von 2 - ½ 7 wieder Übung. In der Pause liess der kleine giftige Oberleutnant die Schauspieler und Sänger hervortreten. Es wurde deklamiert. Peter und Liesl, Belsazar, dann gesungen, einer pfiff, dann kam der tschechische Gesangschor. Aber nachher! Die Mannschaft des 4. Zuges war nicht flink genug. Der Kadett schrieb manche auf, mich auch - zu faul. Manche lachten. Der Kadett entbrannte im Zorn: an den zwei weitesten Enden des Exerzierplatzes stellte er zwei Korporale auf, die uns abwechselnd „Vergatterung!“ zuriefen. Wir liefen hin, wir liefen her, atmeten kaum. Und noch immer lachten einige! Nun gut! Der Kadett suchte einen graslosen Fleck aus, wo der Staub, vermengt mit Kies, handhoch lag und nun ging es 18-mal: Nieder, Auf! Vor Staub sahen wir nichts, einem bluteten die Hände.
Zu Hause angekommen: Kein Ausgang! Jeder brachte eine Entschuldigung hervor und bekam die Erlaubnis zum Ausgehen, ich konnte es nicht über mich bringen: ich seifte meinen grauen Leinenrock ein und wusch ihn aus. Oberleutnant v. Glossmann.

1914 **Augusztus 14.** Freitag

Heute mußten auch die Ungarn singen, doch es klappte nicht recht. Unser Oberleutnant ist ein kleiner strammer Mensch, flucht gut, übrigens zu ertragen. Der Leutnant ist hager, dunkler Slave, hat bohrenden Blick. Unter den Zugführern ist ein Buda-

pester Advokat, ein guter Mensch. Sonst hört man: „Sie blöder Kerl. Da steht er in seiner Dummheit“ usw.
Zu Mittag hörten wir, daß wir in die Ditrich Schule ziehen. Ich werde eingeteilt in die 2. Kameradschaft des 1. Zuges. Einzug in die Klasse Ib. Bänke an den Wänden, auf dem Boden Stroh. 25 in einer Klasse, viele schlafen aber draussen in der Stadt.
Morgen Feiertag. - Leutnant Graf Marcuzi, mit dem Malteser-Kreuz.

1914 **Augusztus 15.** Samstag

Die ganze Nacht brannte die Lampe. Vorschrift. Schwarzer Kaffee ausgezeichnet.
Auf dem neuen Übungsplatz der Artillerie. Bleiben bis 10 Uhr, dann nach Hause. Heute keine Menage, für Mittagsmahl und Abendbrot bekam jeder 1 Krone 8 Heller. Ging zur Tante, erster Weg in Uniform. Da ich meine Bluse ausgewaschen hatte, war sie zwar rein, doch nicht gebügelt. Schämte mich arg in dem zerknitterten Rock. Achtung auf Vorgesetzte, neu!

1914 **Augusztus 16.** Sonntag

Sonntag. Traute mich nicht hinaus wegen meiner Uniform. Alle gingen aus. Nachmittag gab ich dem Zugführer 2 Kronen und bekam seinen blauen Rock. Sofort hinaus zur Tante, auf den Kobenzl. Um 10 Uhr wieder hier.
Zum Schreiben faul. Kaue Strohhalme, nicht so anstrengend.

1914 **Augusztus 17.** Montag

Vergaß gestern aufzuschreiben, dass mir in der Elektrischen ein fremder nie gesehener Artillerist plötzlich zwei Zigaretten hinhielt; ich bedankte mich, da ich nicht rauche. Das war dumm.
Nachmittags wolkig. Erfahren, dass morgen Geburtstag des Königs, d.h. hier des Kaisers gefeiert wird. Mitten in der Freude die

plötzliche Nachricht, dass der Oberst der Deutschmeister, Ludwig Holzhausen, gefallen sei, eine russische Patrouille erschoss ihn in seinem Auto. Obzwar kein Vorgesetzter zugegen war, wurde alles still. Abends las der Oberleutnant in steifer Haltung den Befehl, in dem die Deutschmeister schworen, ihren Obersten zu rächen. Trotz Regen, alles ging in den Prater und brach grünes von den Sträuchern um die Schule morgen zu schmücken.

1914 **Augusztus 19.** Mittwoch

Bin vollends säumig geworden. Gestern kein Wort geschrieben. War bei Tante. In der Früh Zimmer geschmückt. Milchkaffee statt Schwarzen, war aber schlechter! Leider keinen Freund, lauter grob- selbständige Jungen, die ich nicht leiden mag, wie wird das werden?

Man sagt, am 6. September müssen wir weg von der Schule. Trugen gestern die Bänke der Bürgerschule herüber, damit die Offiziere mit uns Mittagessen können an diesem Tag. Tante war nicht zu Hause. Blättere im Duden. - Heute mit Gewehr exerziert.

1914 **Augusztus 20.** Donnerstag

Heute Ausrüstung gefasst, nur noch Schuhe fehlen. Habe alles in meinen Tornister gepackt. Als ich meine Schachtel leerte, sah ich in den Ecken noch einige Brosamen des Kuchens, den mir Fanny buk. Ein sonderbares Gefühl. Ich aß sie, einen nach dem anderen.

1914 **Augusztus 21.** Freitag

Nachmittag Umzug in die Petrus Gasse, wieder in eine Schule. Schöner doch enger.

1914 **Augusztus 22.** Samstag

Schreiben eine Plage. Wozu auch? Wenn ich wüsste, dass ich dies einmal nach Jahren selber lesen könnte, ginge es vielleicht leichter.* Wo ist die Kampfeslust? Jetzt Achtung, dass das Stroh nicht in die andere Hälfte des Zimmers getragen wird. Riemen alle blank!

Von nirgends ein Nachricht. Nur Kovaćs hat mir geschrieben - dem ich nur darum schrieb, weil ich mit der letzten Karte nichts anzufangen wusste. So geht' s.

Keinen Appetit, verstehe nicht, wie mir anfangs alles so gut schmeckte. - Bist Du vielleicht krank?

* Hab dies gelesen am 1. Februar 1915 in meiner Deckung in Polen.

1914 **Augusztus 23.** Sonntag

Das versteht ja doch niemand, dass ich heute mit gestrigem Datum schreibe. Mit Tante auf der Hohen Warte, beim Heurigen. Sehe aus dem Fenster wie unser italienischer Koch, immer rege und immer lachend, bei der Fahrküche steht - es kommt niemand mehr, eins - zwei füllt er zwei Geschirre mit Linsen und Fleisch und trägt sie zum Tor. Hungrige Alte und Kinder greifen danach. Der Koch steht bei ihnen und bringt sie zum Lachen.

1914 **Augusztus 24.** Montag

Jetzt stellt sich der Schwindel heraus. Siehe gestern.

1914 **Augusztus 25.** Dienstag

Bin müde, zum Schreiben wenig Lust.

1914 **Augusztus 26.** Mittwoch

Ich muss jetzt schon einsehen: Hieraus wird nie ein Tagebuch. Zu wenig Musse.

Es kamen viele Rekruten, Einjährige: in reiner Kleidung, weissen Hemden, gebügelten Hosen, sehen etwas entsetzt auf uns. - Mir alles noch immer fremd: Tschechen, Polen, Deutsche, Ungarn,

Kroaten, Serben, Rumänen durcheinander. - Strohhalm im Munde.

1914 **Augusztus 27.** Donnerstag

September vor der Türe! Ein solcher war noch nie!
Nicht ein neues Schuljahr kommt: Gelenksübung, Rast, Doppelreihen, Vergatterung, Schwarmlinie, Decken! Das ist doch kein Krieg! Gestern wurde die Kasernen-Bereitschaft eingeführt, ich bin auch dabei. Angezogen schlafen.

1914 **Augusztus 30.** Sonntag

28, 29, 30 wenigstens das Datum schreibe ich her. Waren gestern zu ersten male Schiessen. Bekam 20 scharfe Patronen. Vor der Schiessübung nach altem Brauche ein dreimaliges Hoch auf seine Majestät.
Anfangs ging's nicht gut, später war alles in Ordnung. Dann Nachtübung, nahm nicht teil, da in Bereitschaft.

1914 **Augusztus 31.** Montag

Gestern bei Tante, mit ihr im Prater. Sieges-Nachrichten.

1914 **Szeptember 3.** Donnerstag

Ich glaube, wir haben den 3. September Mittwoch? Seit drei Tagen bekommen wir nur Suppe und Fleisch, weiss nicht warum.
Gestern Schiessen. Heute Gefechtsübung im Prater. Brücke erstürmt, jeder konnte 5 blinde Patronen verschiessen.

1914 **Szeptember 10.** Donnerstag

Gott, seit einer Woche nichts geschrieben!
Montag zog das Nachbar-Regiment ins Feld. Blumen, Tannenreisig im Hof, voll; ein alter Mann mit zwei Medaillen an der Brust, eine mit dem roten Band, kam herein, stand still und erbat sich

etwas Blumen von der geschmückten Fahrküche. Man gab ihm rote Nelken, auch vom Boden las er manche auf. Bei dem Ruf: „Vergatterung“ schnellte er in die Höhe und hielt die Hand empor, aber sie zitterte. „Noch so jung?“ frag ich. „Ich war in 66 bei Custozza“ sagte er und plötzlich überkam ihn die Rührung, Tränen liefen ihm an den Wangen herunter und er rief heiser: „Es lebe - seine Majestät“. Dann stellte er sich weinend in das Tor. - Badeten heute in 14°-igem Wasser.
Abends wieder Umzug in die Mädchenschule, sehr eng, wenig Stroh.

1914 **Szeptember 13.** Sonntag

Sonntag. Gestern abend 5 Uhr Ausrücken zur Nachtübung. Wir marschierten 2 ½ Stunden bis zum Kahlenberg. Kühl. Wir schliefen auf dem Perron einer Zahnradbahn-Station. Ich war auf Vorposten. Gegen 2 Uhr früh Schüsse, Annahme: Die feindliche Bevölkerung wollte uns stören. Gegen 5 Uhr früh Umgehen des Feinds, Sturm auf seine Stellung, die wir eroberten, obzwar die Verteidiger die Sache ernst nahmen und vom Oberleutnant abgekanzelt werden mußten, bevor sie den Widerstand aufgaben. Ein Bajonett ging durch die Hand des Zugführers.

1914 **Szeptember 14.** Montag

Wurden geimpft. Zwei ohnmächtig. Na!

1914 **Szeptember 16.** Mittwoch

Dienst wird jeden Tag langweiliger. Kasernen-Arrest mehr als genug.

1914 **Október 11.** Sonntag

Also soweit ist es gekommen, beinahe einen Monat lang keine Zeile geschrieben! Heute Sonntag. Wie war‘ s denn? Am 18. September kam die Nachricht, dass man die Ungarn zu einem ungarischen Regiment versetzen wird. Man sagt zu den 83ern. Das wäre vielleicht Koworn. Doch stellte sich heraus, dass das Regiment in Wien, im 10. Bezirk sei (bisher war ich im 3.). Am 20ten, Sonntag, gingen wir mit unserem Gepäck in die Trost-Gasse in eine neue Kaserne. Hier unter Ungarn. Zuerst zur 2. Kompanie, dann zum Maschinen-Gewehr, da ich technischer Hochschüler war. Wohne in einem Zimmer mit Betten, bin Stellvertreter des Zimmerkommandanten. Vormittag Zerlegen des Gewehrs, nach-

Maschinengewehr-Ausbildung in Wien, Oktober 1914

M.G.A. des k.u.k. Inf. Rgmts 83.,
Wien 10. Bezirk

mittag Schiessübung in der Nähe der Kaserne. 1000 Schuss jeden Tag. Freuten uns schon, dass es am 10. ins Feld geht, leider nicht.

1914 **Október 12.** Montag

Man hört, dass wir am 27. hinausziehen, dass aber die Einjährigen in die Offiziersschulen müssen, also hierbleiben. Missgeschick! András ist hier, hat Prüfung abgelegt, besuchte mich zweimal am Schiessplatz. Uniform schön. Aufschlag Kaffeebraun. Einjähriger Streifen geht im Winkel, da Regiment ungarisch. Im Zimmer 40 Mann.

[Bis zum Október 29. keine Einträge]

1914 **Október 30.** Donnerstag

Sitze im Zuge, fahren nach Russland. Bin inzwischen Gefreiter, Korporal und Zugsführer geworden, habe 3 Sterne. Verdanke dies meinem Hauptmann, der von der Front, verwundet am Finger, zurückkam.

Sonntag kam Nachricht, für Mittwoch marschbereit. Bekamen Pferde aus dem III. Bezirk, neue Maschinengewehre, Sättel, feldgraue Uniform. Das war am 27. Dann Übungen, bin Vormeister am MG. Mittwoch Abschied von Tante. Donnerstag nachmittag mit Bändern geputzt - aus einer fremden Umgebung heraus - zum Ostbahnhof. András, Tante, Onkel waren auch dort, brachten Regenmantel.

Október abends 8 Uhr fuhr der Zug ab. Bin in 1. Klasse. 6 andere Maschinen-Gewehr-Abteilungen fahren mit uns. Unser Kommandant-Fähnrich Bacsa.

In Rácos Frühstück, fahren garnicht ein nach Budapest, weiter über Szolnok, Debrecen. Tauschten unsere Adressen aus, für den Fall, jemanden etwas zustossen sollte. Draussen Reif, kalt. Klagende Soldatenlieder, Stimmung sonst gut. Gegen Abend in Ungvár:

erstes Soldatengrab, Verwundeten-Zug. Abends durch den Uzsoker Pass, sehen Teil einer gesprengten Brücke. Morgens 8 Uhr in Jablonka, aussteigen, obzwar Turka das Ziel war.

1914 **November 1.** Sonntag

In Jablonka hört man den Kanonendonner. Marschierten von ½ 11 an 4 Stunden bis Turka, sehr müde. Ein Zeit lang bei freiem Lagerfeuer, schauern von der Kälte manchmal zusammen.
Die Brücke ist gesprengt, viele Häuser zerstört. Der Feldwebel entdeckte ein kleines Zimmer, auf dessen Fußboden wir 12 schliefen. Tee ohne Zucker.
Hühner oben auf dem Kasten angebunden, da sie vor den Soldaten nicht sicher sind.
Mannschaft schläft draussen auf der kotigen Erde. Kot [= Schlamm] bis zum Knöchel, nicht bis zum Knie. Zimmerwände halb aus Bretter, halb aus Lehm - Allerseelen.

1914 **November 2.** Montag

Noch etwas von gestern. Unterwegs überall Zeichen des Kampfes, Gräben, Schrapnell-Hülsen, Infanterie-Munition, Tornister, Konserven Büchsen, Sättel, hie und da ein Grab. Die toten Pferde liegen noch herum. In Turka auf dem Hauptplatz nur ein einziges unversehrtes Haus.
Morgens um 4 Uhr auf, um 6 Abmarsch. Jawora, Isaie. Ganzen Tag nichts zu Essen, aus dem Brotsack. Kot unendlich - Kanonendonner. Abends ½ 6 in Turze. Pferde in einem grossen Stall. Schliefen auf Heu. Abends war Maschinengewehr-Feuer gut hörbar.
Grosses Feuer gemacht, 2 Säcke Kartoffel gekauft, gekocht, gebraten. Sitze im Zimmer einer ausgeplünderten Wohnung. Einen Tisch - er ist überflüssig. Trägt man hinaus zum verfeuern, schade, ein schöner Tisch, und die Kammertüre. Holz trocken, kracht

lustig in den Flammen. Fand im Zimmer auch ein Buch: „Logik“, Eigentum der Lemberger Universitäts Bücherei.

1914 **November 3.** Dienstag

Kein Frühstück. Hier sind Soldaten, die seit 4 Tagen kein Brot bekamen. Angeblich waren am 30. Oktober noch die Russen hier. - Sehr müde - Um 7 Uhr morgens noch hier. Kauften ein Kalb und kochten mit Kartoffeln Gulyas, nur Salz war dabei, Brot keines. Doch war es gut. Nachmittag noch immer hier. 218 russische Gefangene werden zurückgeführt, sind aus Sibirien. Wohne in einer verlassenen Villa, englische, französische, deutsche Zeitungen. Noten liegen umher. Kleiner schöner Bach in der Nähe. Kanonendonner ununterbrochen. Küche der 44er kam zurück, angeblich müssen wir zurück.
Abends die ganze Gegend voll Lagerfeuer. Holztreppe der Villa wurde verfeuert, müssen nun auf die Veranda klettern!

1914 **November 4.** Mittwoch

Bekamen kaum den Kaffee: Befehl: Marsch. Wurde gesattelt - Schöne Gegend, jetzt auf einem hohen Berge. Sehr, sehr müde, ist doch dieser Berg gar hoch ! Graben Deckung, Einstellen, auf einen anderen Berg, uns gegenüber die Magwez, mit den Russen. Unsere Schrapnell-Wölkchen zeigen sich drüben.

1914 **November 5.** Donnerstag

Schliefen im Freien, neben dem Masch. Gewehr. Platz sehr eng, Füsse kalt. Morgens 4 Uhr auf, kommen die Russen? Nebel zieht ins Tal. Gewehrknattern in der Nähe. Müssen weg von hier, angeblich zurück, noch keinen Feind gesehen.
Menage: Reis und Fleisch, Fleisch wurde in Säcken heraufgebracht. Finger steif vor Kälte. - Buchenwälder wunderbar rot.

1914 **November 6.** Freitag

Entsetzlich kalte Nacht, keine Minute geschlafen. Wir sollten gestern abend ½ 6 zurückgehen, im Nebel konnten wir aber keinen Schritt tun. Schliefen ohne Deckung im Freien und die eisige Kälte liess mich jede Minute zusammenschauern, was mich sehr ermüdete, obzwar ich lag. Meine Füsse froren beinahe ab, als ich bei Morgengrauen aufstand, ergriff mich der Schwindel. War nur mit einem Zeltblatt zugedeckt.
Um 6 Marsch, zurück nach Turze. Jetzt über die Strij gekommen, in einem Dorf einquartiert.

1914 **November 7.** Samstag

Vergaß zu schreiben dass wir bei Malovienka in Frontstellung waren. Jetzt in Studiwka, in einem Bauernhaus. - Vormittag Gewehr Reinigen.

1914 **November 8.** Sonntag

Mittags Nachricht, daß wir weitergehen. Vielleicht unter Warschau, vielleicht auch nach Serbien.
Nachmittag 4 Uhr Abmarsch, gegen 8 Uhr wieder in Turka, bodenloser Kot, altes Quartier besetzt, fanden neues!

1914 **November 9.** Montag

Gingen weiter. Traf Anoul, ist Fähnrich. Die ganze Division geht mit uns. Langer Zug. Man hört, daß wir in Jablonka einwaggoniert werden. Doch gelangen wir nach schwerem Marsch nach Jarworow.
Abends 7 Uhr erste Konserve gegessen. Durch das Fenster sehe ich die neue Holzkirche. Datum stimmt mir nicht. Habe gestern das Datum verfehlt. Heute Montag.
Mein Serbisch ist mir nützlich, ich kann mich mit den hiesigen Leuten verständigen.

Nachmittag - Abmarsch nach Sianki, langsamer Regen. Abends Ankunft um 9 und einwaggoniert. Im Viehwagen - herabgerutscht von der 1. Klasse! Morgens wieder in Ungarn. Bald kommt Ungvár. 11 Uhr.

1914 **November 10.** Dienstag

Vergaß aufzuzeichnen, dass wir in Studiwka gegen Cholera geimpft wurden.
Gestern war es wirklich Ungvár. Dann auf dem alten Wege.
Uyireghiza abends 9. Debrecen Nachts 1 Uhr, früh in Szolnok, Hornist bläst zum Frühstück. Thee mit Rum, sogar zwei Kipfel.
Wenn wir nach Serbien fahren, geht's vielleicht gar durch Csúrog.
„Rakos-rendezo" = jetzt wissen wir' s = nach Deutschland. Vater wollte immer, ich muß einmal nach Deutschland, jetzt wird es Wirklichkeit. Türkei soll auch den Krieg erklärt haben. Als ich das letzte Stück Speck ass, das ich mir eigentlich für den Fall einer Verwundung aufbewahrte, viel mein Goldzahn heraus. Gegen morgen früh in Wien.

1914 **November 11.** Mittwoch

Marchegg, Gänserndorf, - schau, schau, die Lokomotive wird hinten angekoppelt, Wien - Wien. Landenburg, Göding, Prerau. Übernacht durch Oderberg, jetzt in Oppeln. Dann nachmittag 1 Malapane.
5 Mann wurden hier ausgebunden, da sie in Pest den Zug versäumten. Huj 32-er, Hendelfänger. Jetzt in Wossowska. Werden gleich auswaggoniert.

1914 **November 13.** Freitag

Gestern in Wossowska auswaggoniert und gingen noch abends nach Zsendovic. Dachten in Guttentag bleiben zu können, mußten zu unserem Leidwesen weiter. Schönes Land - Nadelwald,

schöne Wege, nicht wie in Galizien. Bekam von einem kleinen Mädchen Kaffee, zahlte mit 1 Krone, so schmeckte er mir, bekam als Zugabe ein ganzes Waschbecken voll Äpfel. Verteilte sie an die Mannschaft.
Schlief in einer Scheune, morgens 4 Uhr Tagwache, satteln, ging noch nie so elend, da es noch ganz dunkel war. Gefreiter Pauker, der Quartiermeister ist irgendwo zurückgeblieben.

1914 **November 14.** Samstag

Durch Rosenberg nach langem beschwerlichen Marsch - kaum etwas Rast, einer nach dem anderen bleibt zurück - In Radlau Quartier, um 5 Uhr Tagwache.

1914 **November 15.** Sonntag

Sonntag. Um ½ 6 Befehl, daß um ¼ 6 alles marschbereit sei. Wieder ein Hin und Herhasten wie gestern. Vormittag um 9 über die Grenze, jetzt in Russland. Das sieht man auch, statt Wege = Sand. Häuser ärmlich. Jetzt 20 Minuten Rast, sitze am Grabenrand. Husaren sagen, russische Kavallerie sei 2000 Schritt von hier gesehen worden.
Sonntag Abend, Himmel feuerrot, Widerschein auf unseren Gesichtern.

1914 **November 16.** Montag

Sahen vormittag am Wege einen toten Husaren liegen.
Befehl: in der Nähe des Dorfes Pontnow auf einem Hügel Stellung nehmen. Graben Deckung, spät nachts fertig. Sterne flimmern schön. Manchmal Gewehrfeuer. Kein Holz in der Nähe, Lagerfeuer mit Kartoffel-Stengel. Schlief kaum eine Stunde. Füsse froren mir - beinahe so wie in der nebligen Nacht in Galizien, doch nicht ganz so schlimm. Morgens liefen wir auf und ab, um uns zu erwärmen. Deckung wurde fertig, Stroh hinein, Maissten-

gel, Stroh und Erde obenauf -, dann krochen wir hinein.
Nachmittag Befehl: Deckung 20 Schritte weiter neu graben, alles von vorne anfangen, spät abends fertig, im Stroh war es nicht kalt.

1914 **November 17.** Dienstag

Morgens 7 die Deckung schön hergerichtet, dass sie tadellos sei, wenn Russen sie besichtigen! Um 9 Befehl: marschbereit, ich weiss nicht wo wir jetzt sind, nachmittag ½ 4 lange Rast, Luft feucht.

1914 **November 18.** Mittwoch

Von gestern früh 8 Uhr bis heute morgen 5 auf Marsch, beinahe ununterbrochen!
Ein Mann nach dem anderen blieb in dem Dunkel zurück. Quer durch Ackerfelder ging es, nicht auf Wegen, mit einem einheimischen Führer hinter die Russen bei Popow. Trank dreimal aus meinem Branntwein. Gestern abend Regen und Schnee.
- Panics schoss sich versehentlich in den Fuss, der Arme wird sich schwer zu entlasten wissen. Schwarmlinie, doch kein Feind, über eine Brücke, Fluss Warta. Große Kälte, grosse Müdigkeit. Ein Haus brennt am Horizont mit rotem Feuer. Weiter, bis abends 8, neben der Landstraße, blieben zurück von dem I. Bataillon, schlossen uns an II. an. Heftiges Gewehrfeuer, Regen und Schnee, zu Tod müde, man kann sich auf die kotige Erde nicht einmal setzen, verzweifelt. Brzeznica.
Setze mich doch, ist doch alles eins. Um 11 Uhr zurück in ein Dorf, wo ich jetzt beim Feuer schreibe, im Freien, es schneit.

1914 **November 19.** Donnerstag

Allerlei Truppen hier. Schnee fällt aufs Papier.
Später Speise: Feldrüben. Ging ins Dorf um Brot.
Russen weg, Tote auf den Gassen, viel Patronen ausgestreut. Gefangene werden eingebracht.

November 22. Schreibe mit blutiger Hand diese Zeilen. Rozman bekam eine Kugel in den Arm, ich verband ihn, schreckliche Wunde.

Um beim Anfang zu beginnen: am 19-ten war ich im ersten Feuer. Bei Tedlno in Schwarmlinie, abpacken, mit den Gewehren vorwärts. Ich trug einen Verschlag mit 250 Patronen. In der Nacht 8-12 einen Waldesrand abgestreift. Schliefen in der Deckung, so gut es ging. Kugelregen über uns, das Schutzschild wurde öfter getroffen, an meinen Ohren sauste es vorüber. Gegen morgen starr vor Kälte; bekamen unser gestriges Fleisch, es war gefroren.

Vorwärts. Szegö bekommt Brustschuss neben mir, endlich in der Schwarmlinie. Kaum 100 Schritte vor den Russen! Und da soll ich ein Maschinengewehr aufstellen? Infanterie keine Munition, wir gaben ihnen von unserer 2 Verschläge. Vosolico fällt, liegt neben anderen Toten. Abends russische Salven ganz verrückt, von wo die soviel Munition haben? Schossen mit dem Maschinengewehr rechts und links. Rechts geht die Linie zurück, wir ebenfalls, zuerst mein Gewehr zum Waldesrand, neue Stellung, schiesse um zweites Gewehr zu decken. Munitions Staffel meldet sich mit Menage, ganzen Tag nichts gegessen. Ehrenkofler Halsschuß, blieb liegen.

Nachts im Meierhof. Anderentags schickte uns der Major zum I. Baon zurück. Ein Schrapnell tötete beinahe einen ganzen Zug am Wege. Endlich mit den zwei Vormeistern in der Reserve-Linie, dann durch den Drahtverhau unten durch vorwärts in die erste Linie, immer auf dem Bauche kriechend. Rozmans oberer Armknochen entzwei geschossen, neben mir. Zog ihn in eine Grube zurück, verband ihn, traute sich nicht zurück im Kugelregen. Noch zwanzig Schritte zwischen Bäumen bis zur vordersten Linie, immer auf dem Bauch, schob einen Verschlag vor mir. In einen Baum vor mir krachte ein Schuß hinein, nahm Kugel heraus,

ist jetzt bei mir. Wenn sie mich getroffen hätte!
- Endlich war ich dort. Gruben die Deckung, nahmen alle Rüstung ab, sogar meine Krawatte und Handschuhe und arbeiteten, arbeiteten fleissig. Auf einmal ein entsetzlicher Kugelhagel, der Wald krachte nur so, ich glaube so etwas werde ich nie wieder hören. Das Gewehr war noch nicht in Stellung, Deckung nicht fertig, wir konnten nicht schiessen, wir gruben und gruben. In der ganzen Schwarmlinie war nur ein einziger Mann zu sehen, die übrigen waren - der Teufel weiß wo - angeblich um Menage, um Wasser; auch dieser eine Mann rauchte - warum soll ich allein schiessen, sagte er. Er hatte ja Recht. Niemand schoss zurück. Die Russen fegten durch den Wald und wir gruben weiter und ärgerten uns. Auf einmal, als wenn aus der Ferne „Hurra" oder „Ulla" geschrien wurde. Wir stutzten, der Schrei wälzte sich näher, und als wir in der urplötzlich ganz stille gewordenen Nacht vor die Front schauten, sahen wir die ganze Linie lang eine Unmasse schwarzer Gestalten in dichten Rudeln auf uns vorstürmen. Nirgends ein Schuss. Entsetzlich! Ich schaue in der Richtung des Kommandanten: er springt auf und zurück, hie und da sieht man noch eine Gestalt, - wir springen aus der Deckung, ergreife Überschwang und Verschlag, vielleicht wankte ich einen Augenblick, dann sprang ich mit den anderen über die niedergehauenen Bäume, fiel, sprang wieder auf - das ist das Ende. „Halt, kehrt Euch" schallt es von Seiten der Russen, aber in so schlechter Aussprache, dass wir die List sofort bemerken. Es kommen uns Kugel nach, Schrapnells schlagen vor uns ein. Sperrfeuer, vielleicht hinwerfen und gefangen werden? Nein weiter. Dalats fällt, tot. Treffe Fähnrich. Durch das Dorf Jedlno. Ein Haus brennt, angeblich hat es der Eigentümer selbst angezündet um den Russen den Rückzug zu verraten. Der Bauer in entsetzlicher Angst fleht und sprudelt nur so die Worte heraus, umsonst, ein Offizier schiesst ihn mit dem Revolver nieder. Finde Pferde, Rozman ist auch hier, Vor-

mittag war er halbtot, jetzt eilt er mit aufgebundenem Arm neben mir. Also das war kein schöner Anfang. Wo sind die Gewehre frägt man Fähnrich und Vormeister. Und diese Schande sagen zu müssen: dortgeblieben.
Jetzt in einem Dorf (Kruplin). In meinem Leben zuerst floss mir Speichel aus dem Munde, während ich schlief. Todmüde von den letzten Tagen. Gefecht war bei Wola Jedlinska.

1914 **November 23.** Montag

Gestern 7 Abmarsch. Kaum waren wir aus dem Dorfe, hören wir Hurra Rufe und starkes Feuer. Umzingelt? Man sagt, das halbe Baon und der Major sind in Gefangenschaft geraten.
Durch Brzeznica; viel Artillerie kommt angezogen, ja jetzt, da wir geschlagen sind. Verteilte 100 Zigaretten, die ich für den nächsten „Sieg" aufbewahrte. Alles eins, wird auch anders kommen. 6 Mann verwundet, 6 Mann verschollen in diesem Gefecht, also die Hälfte der Abteilung zu Grunde gegangen.
Nachmittags 3 weiter. Durch Konstantynow und Jaiki, hierher, Gajecice; jetzt morgens ½ 5, schreibe beim Feuer. Nachts im Stall.

1914 **November 24.** Dienstag

Gestern abmarschiert nach Tatrzykow, zum Divisions-Proviant-Train.
Hören dass wir zum Regiment eingeteilt werden. Zurück nach Jaiki, dann Befehl: nach Wiencki, wo wir gestern abend endlich zum Train trafen.
Im warmen Zimmer geschlafen, morgens bitter kalt, Fenster ganz zugefroren. Gestern abend ein Haus in Flammen, die darin gebliebenen Patronen knallten heftig.
Wasser 4 km weit, haben grossen Durst.
Artillerie sagt, Front sei 70 km vor uns. Das wäre dann Nowa Radow.

1914 **November 25.** Mittwoch

Zawisch. Gestern abend Befehl: nach Creutzburg, wo aus uns mit den 84-ern eine Abteilung mit 3 Gewehren gebildet wird. Gott sei Dank ich bleibe beim Maschinengewehr. Abends kamen wir hier an. Auch Friedrich hat sich eingefunden.

Der Fähnrich hat an seinem Fuss eine Geschwulst und meldete sich marod. Jetzt ist der Feldwebel unser Kommandant.

1914 **November 27.** Freitag

Wusch mich mit warmem Wasser. Gegen abend in der russischen Grenzstadt Proszka. Nachträglich, das Dorf, wo die Schlacht war, heisst Vole Jedlinska. Konnten abends nicht nach Creutzburg gelangen, blieben in Ludwigsdorf. Ritt voraus um Quartier zu machen. Richter sagt „alles voll". Ausser dem Dorfe Meierei, 3 Zimmer. Es schneit, alles weiß. In Creutzburg ging es uns noch besser. Waren in einer Schule Klasse VIIa.

Rasierte mich, ass Schokolade. Weiter nach Rosenberg. Ich führte beide Abteilungen. In einem kleinen Zimmer 25 Mann. Hier ist schon alles teuer.

Ja in Creutzburg: im Hofe einer Dragoner Kaserne teilen Mädchen Kaffee aus, unentgeltlich. Eine Frau sagt zu einem Mädchen: „Wanda, gib dem Herrn Kaffee". Es war aber keiner mehr da. „Lauf geschwind zur Tante, sage wir brauchen noch 2 Krüge voll!" Das Mädchen läuft fort, mich lässt die Frau nicht los, ich muß warten. Nach 10 Minuten kommt das Mädchen wieder, ein höflicher Soldat geht ihr entgegen, hilft ihr tragen, und ich muss zwei Portionen nehmen „Sie haben ja solange darauf warten müssen!"

1914 **November 29.** Sonntag

Sonntag. Morgens zum Bahnhof.

Bekamen 4 neue Gewehre und Zubehör; bisschen krank, Durch-

fall, viel Rum trinken dann vergehts.
Mußten ausziehen. Kamen in das Haus des Bürgermeisters. Abends im Gasthause gegessen. Schweinebraten mit Kartoffel und warme Wurst mit gedünstetem Kraut. Ja gibt es denn auch noch so etwas!
Anderentags, d.h. heute Sonntag. In der Konditorei - 2 Kakao, 7 Krapfen gegessen, ganz gut für einen Kranken.
Erwartete Feldwebel am Bahnhof - war in der Kirche. Erster Advents-Sonntag, war rührend.

1914 **December 1.** Dienstag

Faulenzte gestern als Diener des Feldwebels dann: Vergatterung. Es wurde uns mitgeteilt, dass wir in 2 Tagen marschieren. Hatten schon alle Ausrüstung gefaßt. Sättel wurden in Ordnung gebracht, ein Pferd, das krepierte, wurde verscharrt. Heu und Hafer gefasst. Hatte gestern kein Geld mehr, ass zuhause Nachtmahl. Feldwebel rief mich ins Gasthaus, ging nicht, da er gewiss nicht für mich gezahlt hätte.
Sitze im Stall und schreibe, höre das Geräusch des Sägewerkes nebenan, manchmal ein Flieger. Da fiel mir ein, dass meine Uhr nicht geht, Geld habe ich keines um sie ausbessern zu lassen, es ist am besten, ich verkaufe sie.
Bekam 5 Kronen. Sofort in die Konditorei: Kakao und 4 Krapfen. Schäme mich ein bisschen vor mir selber: eine Uhr zu verkaufen, wenn sie auch nicht ging - aber das ist doch soviel wie keine!
Kaufte Rum für 2 Kronen, habe Margarine, ein ganzes Brot, Schokolade und vier Konserven, bin damit wahrscheinlich auf 2 Wochen versorgt.
Von nun an schlafen im Freien!
Erfuhr auf der Post, dass nur offene Briefe weiterbefördert werden, muß nun nochmals nachhause und neu schreiben, da ich meine Briefe zuklebte.

1914 **December 2.** Mittwoch

Tag verging mit langweiligen Dingen. Morgen Abmarsch. Abends bekamen wir neue Schuhe.

1914 **December 3.** Donnerstag

Im Bahnhofs-Gebäude, warte den Frachtbrief. Habe den Waggon nach Budapest aufgegeben. Morgen Abmarsch. Pferde werden beschlagen.

1914 **December 5.** Samstag

In einer Scheune in Landsberg; Abmarsch erst heute früh 7. Kalt. Ritt, der elende Gaul wollte mich bei jeder Autobegegnung abwerfen. Gifte mich; verlor mein Taschenmesser. Durch Zawiska nach Praszka.

1914 **December 6.** Sonntag

Jaworzno Rast. Dichter Schnee fällt, nicht kalt. Tannenbäume wunderschön, nur unangenehm, dass Schnee im Nacken schmilzt. Lissowice bei karger Kerzenbeleuchtung, sehe kaum etwas. Sind in 3 Tagen in der Front.

1914 **December 7.** Montag

Biala. Im Fenster jedes noch so ärmlichen Holzhäuschens Blumen. Gestern abend bekam ich mit grosser Not Quartier für die Pferde. Heute früh weiter: Dyoszcin. Heute sehr kalt. Pojesco Rast. Deutsches Militär zieht durch. Recht früh, um 5 Uhr schon in Biala abpacken.

1914 **December 8.** Dienstag

Nach schwerem Marsch Rast im Wald. Kamen durch tiefen Sand, war sehr-sehr mühsam. Tannenwald rauscht. Schöne Welt. Szernow, im Hause eines Juden. Im Samowar Tee, 10 Kopeken 1

Glas, nicht unentgeltlich wie bisher. Im Nachbarzimmer liegt eine Frau im Typhus. Ich glaube, das sagt man nur so, dass niemand hineingehe. Vor 4 Tagen hier grosses Gefecht, Russen wurden zurückgeschlagen. Kirche zerschossen, Häuserwände scheckig von den Kugeln, Brücke abgebrannt, wird jetzt restauriert.

1914 **December 9.** Mittwoch

Gestern abend spät durch Kluki, in ein kleines Dorf, vielleicht gar kein Dorf, nur einige Häuser. In zwei Ställen haben beide Abteilungen, 83 und 84, Platz. Frau jammert, gab ihr ein halbes Brot. Schlief in Unterhosen und barfüssig. Zum erstenmale im Kriege. Heute früh 5 Tagwache. Fünf Mann sind mit zwei Pferden zurückgeblieben. Grosse Gauner, wahrscheinlich haben sie sich einen guten Platz gefunden! Jetzt in Belchatow, schöne grosse Stadt, 3 Fabriken, Steinhäuser beinahe überall. Bin neugierig: bleibt Feldwebel Kommandant? Habe das Gefühl: in zwei Wochen bin ich verwundet. Seit gestern abend Kanonendonner gut zu hören.

1914 **December 10.** Donnerstag

Monikow zwischen Karcew, Milakow und Bernatow. Gab soeben den ersten Schuss hier ab. Gestern fanden wir die 32-er. Zu meiner Freude waren Briefe von András und Tante da; man wollte sie schon wegwerfen, da man dachte wir kommen nicht zurück. Machten Feuer, Befehl: Deckung noch heute Nacht graben. Fanden die Pferde kaum 400 Schritt hinter dem Schützengraben. Schöne, mondhelle Nacht, Deckung fertig. Russen 800 Schritt. Schliefen im Freien, nicht kalt. Jetzt vormittag, wahrscheinlich, habe keine Uhr, Sonne scheint.

Russen noch keine gesehen. Flieger kommt, schiessen nicht, da wir nicht wissen ob unserer oder Feind. Höre den Granaten zu. Nacheinander: unheimlicher Pfiff, schreckliche Detonation wieder und wieder. Bin ruhig, ziehe mir einen zweiten Fußlappen an. Was kommen muss, das kommt. Schaue mit Fernrohr durch den Schlitz im Schutzschild, nichts zu sehen. Fühle plötzlich Hyazynthen-Duft, was hat das zu bedeuten? Einzelschüsse mit dem Gewehr, dass man nicht merke es sei ein Maschinengewehr hier.

1914 **December 11.** Freitag

Gegen Mitternacht plötzlich wütendes Gewehrfeuer. Auf! Russen schiessen auch mit Maschinengewehr, wir in der Richtung der Helligkeit zurück. Der Lärm dauerte etwa eine halbe Stunde, dann gingen die Russen, die sich auf 600 Schritt näherten, wieder zurück. Schliefen weiter. Morgens kamen die Zurückgebliebenen an. In der Nähe Bierbrauerei, Bier stark. Laufgraben fertig. Dorf Mokracz.

1914 **December 12.** Samstag

Befehl vom Hauptmann: russische Scharfschützen sind mit Maschinengewehr niederzuknallen. So etwas!
Ist das Maschinengewehr dazu da? Nach dem Kriege werde ich es zur Sprache bringen, dass man die Offiziere über Zweck und Einsatz der Maschinengewehre nicht gehörig unterrichtet hat.
In der Linie sieht man keine Russen, in ihrer Reservelinie, etwa 3100 Schritt, laufen sie hin und her, das ist aber zu weit.
Tschürtz ging mit einem Trinkeimer um Bier. Obzwar ich in Zivil keines trinke, schmeckt es hier doch.
Hauptmann war persönlich da, wiederholte Befehl = Scharfschützen niederknallen. Wie sehe ich es aber von hier, wer ein Scharfschütze ist, man sieht ja überhaupt niemanden. Befehl: Stacheldraht vor unserem Gewehr müssen wir selber ziehen. Abends getan. Post kam = Szegö eine Karte, alles andere = 9 Karten gehörten mir. Allgemeines Aufsehen! Manchmal geht ein Schuss hinüber, um uns bemerkbar zu machen.

1914 **December 13.** Sonntag

In der Deckung. Regnet. Tschürtz und Knaus gaben oben ein Zeltblatt und Packdecke drauf. Viel Stroh, bequem, da wir die Deckung heute früh vertieften. Gestern nichts besonderes, wenn nicht das eine, dass unsere Artillerie in unsere Reihen schoss: eine Granate explodierte, 5 oder 6 krepierten, na das ist doppelt schön, obzwar es diesmal so besser war.

Mein Karbol ist ausgeflossen. erwachte früh. Sterne wunderbar. Jetzt fängt von weitem der Kanonendonner an. - András ist nun auch Soldat. Regen schwächer.

1914 **December 14.** Montag

Zigarette im Mund vor dem Gewehr. Wenn ein Russe sich zeigt, Einzelschuss, wenn er sich fallen lässt, weiss man nicht: zur Deckung oder getroffen.

Gestern den ganzen Tag Regen, schreckliches Wetter, Deckung

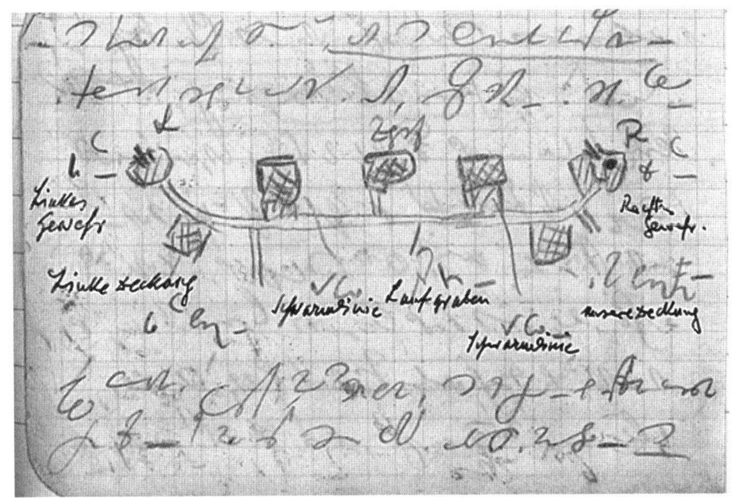

Im Tagebuch eingeklebte Skizze von Sevins Maschinengewehrstellug

ein Schlamm, Nachmittag neue Deckung gegraben. Inzwischen Nachricht, dass Feldwebel geht, ein Zugsführer kommt. Ist schon da, Kuczkò, ruhiger junger Mann, brachte mir vom Hauptmann eine Zigarre, verrauchte sie sogleich. Es kamen auch neue Leute, Hokòsi tritt ab von der Vormeisterschaft, Kiss wird zur Kompanie einrücken, Hauptmann hat ihn nicht gern. Deckung spät abends fertig, hatte Satteldach wie die Häuser, gelang aber nicht gut, wenig Bretter, wenig Stroh, wenig Äste, alles fehlte. Trotzdem legten wir uns hinein. Hörte wie man nachts die Infanterie weckte, um auf einen bellenden Hund zwischen den Fronten Salve abzugeben. Wollte es nicht glauben*, aber tatsächlich krachten zwei Salven. Natürlich war damit die ganze Front aufgescheucht, der Feldwebel befahl auch uns an die Gewehre, schiessen für uns verboten, da vor uns ein Vorposten.
Endlich Stille. Morgens Deckung eingerissen und ordentlich neu aufgebaut, jetzt ist sie „stramm". Auch heute nicht kalt, aber alles nass an uns, daher Füsse kalt. Mantel schwer vom Regen, zog ihn nachts aus und deckte mich mit ihm zu. Feldwebel ging heute fort. Vormittag zwei Frauen (vielleicht verkleidete Spione) zwischen den Fronten. Feuer, eine entkam, andere fiel. Niemand weiss die Zeit, in der Deckung hat keiner eine Uhr. Stall hinter Front wurde beschossen. Jetzt haben auch die Pferde eine Deckung; war vernünftig, denn heute Nacht bei der Schiesserei bekam der Stall Granatentreffer. Unsere Artillerie schiesst sich ein. Russen ruhig. War schade niederzuschreiben, jetzt fangen sie an.

* Bemerkung 1938 v.l. Man dachte wahrscheinlich dass er auf herumgehende Gestalten, Russen, belle.

1914 **December 15.** Dienstag

Gestern war´s gefährlich, russische Artillerie schoss ohne Unterbrechung. Granaten platzten meistens hinter uns, Erde und Luft bebten von den Explosionen. Dichter schwarzer Rauch treibt umher auf der Erdfläche. Unangenehmer als die Explosion ist das pfeifende Geräusch, wenn das Geschoss kommt, wohin schlägt es jetzt ein? Hörten, dass ein Volltreffer inmitten der gerade speisenden Dragoner einschlug, hinter uns, viele Tote. Der Train wurde auch heimgesucht. Unsere Artillerie schoss ebenfalls, aber schwach.

Abends in der Deckung, beim Kerzenlicht. Tür durch Zeltblatt verhängt, wie in einem wirklichen Zimmer, ein geschlossener Raum. Als ich lag, stürzte zweimal der aufgeweichte Sand auf mich, einmal verschüttete er mich ganz. Kaum schlief ich, entsetzliches Gewehrfeuer. Krochen heraus. Geschah nichts. Sterne schön, summe Arie: Celeste Aida. Morgens Regen. Kompanie ging fort, ein Mann liess mir Spiritus und eine leere Konserven-Büchse hier, die als Schnellsieder gebraucht werden konnte, der Dank für ein Stück Brot, das ich ihm gestern gab. Guter Ausspruch Kuczkós: „Wenn wir schon geworden sind, warum sind wir geblieben, und wenn wir schon sind, warum hier?“ Dann: „Bald war ich unten, bald er oben“. Auf die Granaten: „Es kommen die Pakete“. - Das Marsch-Bataillon ist angekommen.

1914 **December 16.** Mittwoch

Gestern abend 9 „Aufnehmen“. Direktion der Hügel mit dem Kreuze (Borowa Kote 278) auf den sich unsere Artillerie schon eingeschossen hatte. War niemand mehr oben. Hinunter wieder, in einem Dorfe (Kamienna) einquartiert. Fenster aus Papier. Feuerstaffel ebenfalls hier. Morgen „Auf“ tagsüber 3 Gefechte, beinahe immer schoss nur das Maschinengewehr. Zuerst bei einer Wassermühle, wo wir 1 Toten, 1 Verwundeten hatten. Verhinderte, dass eine Brücke in Jezow zerstört wurde. Dann weiter, zu einer Meierei, da schoss nur ich, man sah das Stürzen eines Pferdes, trotzdem Ziel auf 24. Zum drittenmale war es am gefährlichsten,

neben Eisenbahndamm, verschossen 800 Patronen. Kosaken erwiderten heftig, flohen aber dann.
Sitze jetzt in einer Scheune, auf stechender Spreu, beim letzten Flackern einer Kerze. Mitternacht. Zochynsko.

1914 **December 17.** Donnerstag

Gerade jetzt Schwarmlinie gebildet nach Lubien, da Husaren etwa 2000 Kosaken in der Nähe avisierten. Sahen aber nichts. Mittag-Rast in einem Walde. Von gestern ausführlicher. Gefecht bei Wassermühle (Magdalenka), kurz, nur Maschinengewehr schoss. Zweites Gefecht mit 24 und 16-er Aufsatz. Warteten bis Baon vorrückt, und schlossen uns dann an, waren bereits wieder in Schwarmlinie. Gingen an den rechten Flügel, russische Maschinengewehr-Kugeln sausten nur so, doch keine Verwundeten. Russen zogen sich aus dem Dorf Rospice zurück. Die Bevölkerung flüchtete sich während des Kampfes und jetzt geschah das Entsetzliche: die russische Artillerie schoss auf sie, nicht einmal, wenigstens 10 x. Schreien, Jammern, Flüchten.
Hauptmann schickte uns nun zum Eisenbahndamm. Kamen kaum hin, Kugelregen. Krochen auf der Erde vorwärts, sahen dann Kosaken, wahrscheinlich Nachhut, flüchten. Gewehr aufgestellt auf dem Damm und geschossen. Dann wieder weiter vorwärts, ich mit dem Schutz-Schild, das eine Kugel bekam, mir geschah nichts, obzwar rechts und links viele Kugeln. 3 Verwundete. Endlich: Russen gehen ganz zurück.
Meldung, wir und die 6. Kompanie in Reserve gesetzt. Im nächsten Dorf in einer Scheune geschlafen. Morgens 8 Marsch. Regnet ganzen Tag, entsetzliches Wetter. Auch jetzt regnet es noch.

1914 **December 18.** Freitag

Rast in einem Walde. Gingen gestern abends weiter, in einem Walde war lange Rast. Das 3. Dragoner Rgmt, die Artillerie zog an uns vorüber, jemand suchte Exzellenz Baudermann. Dann Befehl: eingraben für die Nacht. Machten die Deckung, doch kam Kuczkó und holte mich und den anderen Vormeister in eine Scheune, zwischen die Artillerie. Legte mich und versuchte zu schlafen, Hände kalt, konnte sie nicht genug reiben. 3 Uhr nach Mitternacht Menage, doch stand ich nicht auf, hörte später, war gutes Szekler gulyás.

1914 **December 19.** Samstag

Traf Arnoul den jüngeren; seinem Bruder ist der Fuss erfroren. Nirgends ein Feind, Rast in einem Walde. Füsse werden langsam kalt, endlich Marsch. Sahen General Felix und General Daniel, endlich am hellen Nachmittag in einem Dorfe einquartiert. Schliefen in einer Scheune, Hände frieren, weiss nicht, wohin ich sie stecken soll. Standen spät auf, glaube ½ 7, bald darauf Schüsse. Sofort eingraben vor den Häusern und schon kamen die Schrapnelle, waren gut gezielt, nähester 20 Schritt vor uns. Infanterie keine zu sehen. Gingen abends ins Haus hinter uns, aus dem die Sanitäts-Abteilung auszog, da ein Schrapnell hineintraf. Szabó hält mir die Kerze, Korporal Lalko kocht das Huhn. Eine kleine Katze ist auch noch hier, sonst kein lebendes Wesen der Bewohner - da auch schon das letzte Huhn im Topfe ist.
Heute kalt, in der Früh alles mit Reif bedeckt, stampften viel mit unseren Füssen.

1914 **December 20.** Sonntag

Sonntag, in neuer Deckung, die gestern abend fertig wurde, wenigstens haben wir einen guten Platz zu Weihnachten. Abends gingen wir zurück in die warme Stube, nicht einmal Wasser holen darf man jetzt, da die Russen mit Scheinwerfern das Dorf abstreifen. Nachts war es so warm, dass ich den Überschwang abnehmen und den Mantel aufknöpfen musste. Früh Kaffee, dann

Befehl: Angriff. Gingen 800 Schritte vor, dann durch einen Wald, am Waldes-Saum scharfes Artillerie-Feuer, die Äste der Bäume krachten nur so und knackten, schiessen gut. Russen laufen auf und ab, eines ihrer Häuser hat Feuer gefangen (gestern und vorgestern brannte rechts und links je ein Dorf) Hauptmann kam vor, machte Witze. Abends wieder ins Dorf zurück, in ein anderes Haus, Fenster verhängt.

1914 **December 22.** Dienstag

Morgens in die Deckung, bemerkten bald die feindliche Artillerie. Machte schnell eine Skizze und schickte sie unserer Artillerie, Oberstlieutnant bedankte sich. Beobachten die Kanonen. Wenn ein Rauch erschien, schrie der Posten: „Decken, er kommt“ duckten wir uns alle im Graben und pressten uns an die Wand. Nach der Explosion suchten wir den Trichter mit den Augen. Dann machten wir ein Dach auf die Deckung. Gleich darauf kam Befehl: zurück ins Dorf. Die Kompanie mußte in Kolonne das Dorf verlassen, kaum liess sie sich blicken, Schrapnell-Feuer, alles auf der Erde. Der Hauptmann bestand darauf, dass marschiert werden muss und so lief die Kompanie davon, da es kein Marsch war. Die M.G.A. ging einzelweise aus dem Dorf, auf uns wurde nicht geschossen. In einem Meierhof Rast, wieder Schrapnelle und von weitem eine schwere Haubitze, unheimlich: das Pfeifen und Brausen des Geschosses konnte man viel eher hören, als es ankam, dumpf und müde herunterfiel um einen umso-grösseren Lärm zu machen. Durch Gottes Wunder nur 3 Verwundete.

Gingen gegen Kaliakow, und dort wo ich jetzt schreibe, neben dem Stalle, bekamen wir Brot, etwas Speck, Zigaretten. Gingen weiter: ein nie gehörtes heftiges Gewehrfeuer, Knattern so dicht, dass kaum unterscheidbar: nächtliches Gefecht in der Nähe. An zwei Stellen Feuer. Kanonen leuchten in der Finsternis. Mit Bosnjaken in eine Dorfe. Dann wieder zurück, wo wir gestern Brot bekamen. Wusch mich im Bach, eiskalt. Begegnete Husaren, ihr Koch angeblich ein Csúroger, Fodor. In Borovic.

1914 **December 23.** Mittwoch

Gestern abend Abmarsch, zurück in unsere frühere Stellung. Jetzt kamen wir aber nachts und auf gedecktem Wege an. Gingen sofort in Deckung. 44er waren hier während wir zur Verstärkung, scheint es, abberufen worden waren. Unordnung. Morgens sehe ich hinaus: alles hoch mit Schnee bedeckt. Wald wunderschön, weisse Weinachten. Kalte Füsse, strampeln im Schnee. Neue Deckung gegraben, grösser, vorne und in der Mitte mit Pfeiler gestützt, jeder lobt sie. Russen schiessen nur hie und da.
Wenn ich nachhause komme, grabe ich im Garten so eine Deckung um zu zeigen, wie ich wohnte.

1914 **December 24.** Donnerstag

Wunderbar schönes, goldiges Mai-Wetter, Sonnenschein. Gehe gar nicht in die Deckung. Hier aussen ist es wärmer, duftiger. Wirklich, als wehte ein Duft in den Lüften. Der Schnee ist ganz verschwunden, ein Wetter, als würde die Welt zu Frieden kommen, jeder sich die Hand reichen, tief atmen und einander in die Augen schauend fragen: Warum? Der Laufgraben ist fertig, am Rand sind etwa zwanzig Tannen aufgepflanzt, dass die Russen unsere Köpfe nicht sehen. Auf ihrer Seite gehen gerade 2 Mann aufrecht über den Acker, vom Dorfe in ihre Stellung. Wir sehen ihnen zu, wie sie trotten, den Kopf etwas geduckt, - vielleicht kommt doch eine Kugel. Doch wir schiessen nicht, sie kommen zu ihrer Deckung, mit einem Sprung sind sie verschwunden, - Stille den ganzen Tag, vielleicht heute Weihnachtsabend. Man sagt, heute abend ziehen sich die Russen zurück, da auch die andere Eisenbahnlinie in unserem Besitz ist. Der Hauptmann wettert gegen die Russen, die sollen nicht glauben, daß wir uns vor ihrem

Sturme fürchten, wenn´s auch Weihnacht sei.
Zwei Knöpfe vom Mantel abgefallen. Gestern abend bekamen wir Brot, das wir vom Juden kauften, ist gut, fast rötliche Farbe, 1 Krone. Interessant, die Juden flüchten nicht, in ihren Kappen sind sie ekelhaft. Im Walde noch immer Axthiebe, steht kaum mehr ein Baum, alles für Deckungen aufgebraucht.

1914 **December 25.** Freitag

Weihnacht. Gestern Nachmittag ruhig. Abends fängt unsere Artillerie an, Russen antworten.
Menage: Schweinefleisch mit Kraut, statt der erwarteten Schokolade-Nudeln aber nur Lekvár-Nudeln, Cigaretten und Brot wie gewöhnlich, obendrein Konserve und etwas Zwiebak.
Gegen 10 knattern rechts, gegen 11 links, ganz nahe, wurde wieder still. Sitze auf einem Verschlag, ohne Mantel und schreibe. Hauptmann war hier, belobte mich, dass ich unlängst der Artillerie eine Skizze sandte. Er sagte, wenn wir ein drittes Maschinengewehr bekommen werde ich Vormeister und Kommandant und gehe in die Flanke.

1914 **December 26.** Samstag

Das neue Baon angekommen, die haben noch schlimmere Weihnachten als wir. Die 5. Kompanie ging in Reserve, nur die 8. blieb. Kaum jemand neben uns. Schickten Német hinein um die Pakete, die wir alle erwarteten. Kuczkó, Lalkó und ich in der Deckung, auf gelbem Stroh bei Kerzenlicht. Warten auf Pakete. Erzähle von den Sternen, der Sonne, von der Elektrizität, dann Anekdoten aus dem Jokai-Buch. Hören gespannt zu, machen gute Bemerkungen. Dann raten wir, was wir machen würden, wenn man uns nun sofort heimschickte. Zu Fuss gehen? Wann kämen wir da an? Die zu Hause würden aber erschrecken, aber wie denn! Freuen würden sie sich.

Pakete kamen nicht. Schliefen ein. Nacht ruhig. Kochte morgens Kakao.
Man sagt, das 3. Maschinengewehr ist sicher. Unsere Artillerie schiesst mit einer schweren Haubitze und 4 oder 5 Feldkanonen. Russen antworten verdriesslich. Auf 1750 Schritt laufen Russen haufenweise herum. Zu weit.

1914 **December 27.** Sonntag

Weihnacht vorüber. Gestern brannte den ganzen Tag das Feuer. Kochten und brieten Kartoffel. Pakete keine. Fassung wenig.
Früh kamen 6 Mann mit Zugführer an. 58er. Wenig Regen, Schnee. Man sagt, wir gehen nach Serbien, man sagt, 12 Trainwagen voll mit Paketen seien im Nachbardorfe. Ja wenn nichts neues ist, werden Neuigkeiten gemacht. Krieg ist Ende Januar zu Ende, heisst es.

1914 **December 28.** Montag

Montag. Nichts neues. Habe Durchfall. Um Mitternacht plötzlich drei Schrapnelle über uns. Morgens liess uns ein Kadett von rechts sagen, dass die Russen in unsere rechte Flanke eingefallen seien. Dumme Rückfrage: von wo er weiss, dass es Russen waren? Antwort: sie verstanden nicht ungarisch. War natürlich nicht wahr. Hauptmann kam und schickte Kuczkó mit einem Gewehr ins Dorf, um sich ein bischen reinigen zu können. Die 68er und 53er nehmen seinen Platz ein. Ich war der Kommandant, meldete mich so. Hauptmann gab mir den Pester Lloyd vom 20. December, in dem nichts neues stand, nur: dass jeder Soldat zu Weihnachten ein Paket bekomme. Zugführer Kovács bestätigte dies, er selbst habe auf der Andrássy-Strasse in einer Auslage ein solches Paket gesehen: Rum, Teegebäck, Zigaretten, Zigarren waren drin. „Das war dann meines, rief einer, ich habe nämlich keines bekommen!“ Kalt, Füsse frieren.

1914 **December 29.** Dienstag

Gestern den ganzen Tag langweilig. Kalter Regen.
Bin jetzt im Dorfe beim Staffel, in einem Zimmer. Sehr warm, Feuer brennt Tag und Nacht, damit Korporal Riazik sich zu jeder Zeit eine Zigarette anzünden könne. Redete den ganzen Tag, ich hörte zu. Wusste, dass am 30.-ten Friedensverhandlungen seien. Liessen vom Juden Petroleum holen. ½ Liter 2 Kronen. Kochte mir heissen Tee; habe ich vielleicht die Ruhr? Esse nichts, oder fasse wenigstens den Entschluss nicht zu essen. Im Zimmer Gestank, bleibe doch da, weil warm, wer weiss wann ich mich wieder so aufwärmen kann.

1914 **December 30.** Mittwoch

Früh morgens Kanonen. Gestern kam Zugsführer Tihawji an, mit 6 Mann, die die Pferde der zu Grunde gegangenen 32-er MGA nach Deutschland zurückführten. Waren 16 Tage dahin, klagten, ging ihnen schlecht, hatten kein Geld, bekamen nichts, konnten sich nicht einmal eine Kerze kaufen, übrigens war sowieso alles ausverkauft. Als er erzählte krachte plötzlich eine unserer Kanonen, die hinter dem Nachbarhause aufgestellt war, das Fenster klimperte, er sprang entsetzt auf, war noch in keinem Feuer. Pakete hat auch er gesehen. Kuczkó bekam seines bereits heute. Tihawji trug es hinaus. Grosse Freude: Als Liebesgabe Rum, und zwar Cuba-, Weichsel- und Antillen-Rum. In der Feuerlinie jedermann ein Fläschchen mit 3 Deziliter, rückwärts 2 Mann eine Flasche. Sehr gut.
Im Stall gut geschlafen, warm, viel Stroh. Morgens in die Front. Gestern durchnässte die Deckung, tropfte reichlich überall. Erde drauf.
Hauptmann befragte mich über Lebenslauf. Was er damit will. Varga bekam von Kuczkó eine Ohrfeige. Russen tragen grosse Holzstämme aus dem Wald. Wollen die da überwintern? Haupt-

mann sagte, heute bleiben wir vielleicht noch, morgen gehen wir vielleicht fort. Das sind so seine verrückten Redereien. Packte Füsse in Wachspapier ein, vielleicht so wärmer. Rum gut gegen Ruhr. Kuczkó bot mir Speck an, auch gut.
Der Zug des Einjährig Freiwilligen Korporalen ist ohne Erlaubnis ins Dorf gegangen. Hauptmann wütend, kein Pardon. Korporal sagt, bleibt ihm nichts anderes, als sich zu erschiessen. Tröste ihn.

1914 **December 31.** Donnerstag

Gestern nichts. Schon finster, da ich tagsüber vergass zu schreiben.
Liess mich heute rasieren und die Haare schneiden, für ein Stück Brot. Wurde vereinbart um Mitternacht Salve, Maschinen-Gewehr 15 Schüsse, 3 Raketen. Jetzt gehe ich. Hauptmann kommt Rapport zu halten wegen Kuczkó und Varga.

1915

1915 **Január 1.** Freitag

Freitag. Vergass gestern zu schreiben, dass vorgestern wunderbare Mondnacht. Spazierten im Walde, Schrapnell getroffene Bäume ohne Krone, wie in Erde gerammte Pfeiler. Sehr weit - Kanonen. Beim Rapport wurde Varga heruntergeschimpft. Hauptmann verbot Salve zu Neujahr.
Um Mitternacht kam Leutnant Eleks und der Wachposten glückliches Neujahr wünschen.
Morgens gruben wir Herdloch tiefer, kochte Kaffee, Ruhr vergangen, koche Wasser auf. Sehr kalt. Wasser in der Feldflasche gefror. Lalko hörte beim Train: in 5 Tagen geht's nach Serbien.

1915 **Január 2.** Samstag

Deckung ausgebessert, flochten aus Stroh eine Türe. Feldwebel Kabó gab endlich meine Karte zurück. Sind vor Ciechowin. Russen vor Przylok, zwischen uns Czarna Fluss. Hauptmann empfiehlt Achtsamkeit, da der Fluss zufrieren wird und Russen leicht herüber kommen können.
Morgens statt Kaffee - Suppe, gut. Sitze beim Feuer, vergrabe Schuhe in den Sand, dass das Feuer sie nicht anbrenne. Russen ruhig, unter allgemeiner Heiterkeit rauche ich eine Pfeife an.

1915 **Január 3.** Sonntag

Frotzelten einander gestern abend beim Feuer, wie zuhause gekocht wird: Käse-Nudeln mit Krammeln, Hendelpaprikas, gefülltes Kraut usw. Fielen einander ins Wort, wenn von etwas sehr gutem die Rede war. Kuczkó brachte Löhnung, bekam 23 Kronen 10 Heller, erwarten noch vom Feldwebel 15 Kronen 60 Heller und angeblich Kostgeld für die Reise nach Rosenberg und zurück. Regnerisch. Gehen bestimmt nach Serbien. Endlich Liebesgaben da! Bekam eine Pfeife, ein Zigaretten-Spitz, Bäckerei, ein Pack 8er Tabak, 20 Zigaretten und Selbstzünder. Andere dasselbe ohne Selbstzünder. Wurde Mitternachts verteilt, letzte Kerze dahin. Lalko gab Zucker, Kuczkó Schmalz, ich Zwieback, wurde eine feine Mehlspeise. Fühle mich schlechter.
Ihre Majestät gab im Befehl Dank kund für unser Standhalten, hofft Sieg im neuen Jahr. Jeder soll das Feldzeichen: dreiästiger Tannenzweig tragen, als Zeichen des Dreibundes.

1915 **Január 4.** Montag

Gestern vormittag Schnee, handhoch. Alles nass. Abend schickte Staffel gekochte Gans, na dass sie auch an uns gedacht haben. Wärme meine Füsse, weiss nicht, bisher waren sie nicht so kalt wie jetzt. Artillerie arbeitet gefährlich, Russen sind auch aufgewacht.

Unsere haben einige Häuser in Przylok in Feuer gesetzt. Schwere russische Haubitze feuert ins Dorf, entsetzlich in die Länge gezogener Pfiff, dann ein schweres Brumm. Was werden sie dort machen? Feuerten mit Wacholder, brennt wie eine Kerze. Angeblich stands im Befehl, dass niemand glaube, wir gingen nach Serbien.

1915 **Január 5.** Dienstag

Im Dorf ein grosses Zimmer, kein Gestank wie im Kleinen. Draussen blendend weisser Schnee im Sonnenschein. Hinausgehen verboten, gestern 30 Granaten und Schrapnelle, gar kein Schaden. Gestern ganzen Tag beim bedecktem Feuer, nur mit Ästen zugedeckt, auch nachts nicht zu sehen. Haben kleine Petroleumlampe. Hauptmann sagt: Konserven verschaffen, denn bald geht's los. Verkaufe halbes Brot um 1 Krone, kaufe um 1 Krone Konserve, nun zahlt es sich aus, da ich doch wenig Brot esse.
Heute gewaschen, Schuhe mit Schmalz eingeschmiert. 6 Gänse haben sich eingefunden, werden gerade gerupft, eine geht in die Stellung. 5 werden hier gegessen. Ungleich. Heute abend russische Weihnachten. Ganze Nacht brannten 6-7 Häuser in Przylok. Über weissem Schnee schwarzer Rauch, dann die giftigen roten Flammen. Jetzt Ruhe.

1915 **Január 6.** Mittwoch

Beim Feuer. Gestern Füsse gewaschen. Wieder Schnee, viel. Mondschein. Manchmal versinkt man bis zu den Knien.
Kauften ein Ferkel, jeder zahlte 27 Kreuzer, wir drei Zugsführer 32 Kreuzer. Feldwebel Szabó liess mich rufen, um seine Schuld zu zahlen. Ist in einer Deckung mit Arnoul, Feldwebel war nicht da. Kam zurück ausser dem Laufgraben, oben auf dem Acker, wie es die Russen machen, geschah nichts. Russen haben Weihnachten. Brieten Speck, rösteten Brot im Fett. Bekamen heute weisses Brot. Mitternacht beim auflodernden Feuer. Divisons-Befehl: Russen

werden wahrscheinlich angreifen, halbe Mannschaft Wache, vor Mitternacht ich und die paarig nummerierte Mannschaft. Zwei grüne Raketen steigen. Später „Aufnehmen“, wenn es losgehen sollte. Nichts, manchmal der russische Scheinwerfer.
Schnee wird zu Wasser geschmolzen. Pferdewärter bringen die Nachricht, dass wieder Liebesgaben beim Train angekommen sind.

1915 **Január 7.** Donnerstag

Morgens vom Feldwebel 15.60 Kronen Weingeld, das er endlich doch auszahlte. Wieder Durchfall. Bekam ein Paar Fusslappen und ein Halstuch. Man hört, dass Wilson am 6ten Frieden vermittelte. Hauptmann Varga soll weggehen, Hauptmann Kleeblatt kommen. Gegend weiss, Schnee fängt jetzt an ein bischen zu schmelzen. Waffenmeister wurde zur 1. Abteilung versetzt, kam aber zurück, dass man ihn nicht annahm.
Wir brauchen ihn auch nicht. Wärmte eine Liebig-Konserve auf, schmeckte niemandem.

1915 **Január 8.** Freitag

In der neuen Deckung neben dem Ofen. Gestern begann es zu tauen, von den Bäumen fiel es in grossen Klumpen herunter. Deckung fing an überall zu tropfen, nicht auszuhalten.
Liebesgabe: Schokolade oder 4 Zigaretten.
Nachts regnete es sozusagen in der Deckung und wir entschlossen uns eine neue zu graben, umsomehr, als wir zwei Öfen bekamen. Fingen morgens an und sind jetzt fertig, sehr gross, für zwei Mann, 3 m - lang, 2 m - breit. Ofen steht in einer Ecke, das Dach ist mit Balken, Tannen-Ästen, Stroh, Sand zugedeckt, wunderbar schön. Ass den ganzen Tag nichts, nur Wurst, die ich in der Kartoffelsuppe kochte, die heute statt Kaffee zu Frühstück ausgeteilt wurde. Haben auch eine Petroleum-Lampe.

1915 **Január 9.** Samstag

Russen schossen gerade jetzt 5-mal auf einen deutschen Flieger über uns, nicht getroffen. Nahmen Pinkovics in unsere Deckung, heizte bis abends 9. Dann kam Tihawji, konnte sich kaum halten vor Verwunderung über die schöne Stellung. Brachte mir 4 Karten von zu Hause. András und Tante. Auch Korporal Mikes und Monár kamen herein um Tihawji zu sehen, blieben bis ½ 12 dort, schimpften über die Zuhausegebliebenen, die sich aus den Marschkompanien herausziehen.
Nachts stürzte Deckung ein, nicht gefährlich. Pinkovics hat unsere Betten wie in der Kaserne gemacht, Kuczkó und ich lächelten. Kuczkó spiegelt mir die Sonne in die Augen.
Sahen den neuen Hauptmann. Ein verwegener der 5. Kompanie geht gegen die Russen, da jemand ihn in das russische Dorf geschickt hat. Wir schiessen auf ihn, er deckt, kommt zurück, jetzt schiessen die Russen auf ihn, ich gebe Salve auf die Russen. Der Verrückte kam unversehrt zurück.

1915 **Január 10.** Sonntag

Sonntag. Abend, in geheizter Deckung. Heute früh stürzte die Wand der Deckung ein, tagsüber noch zweimal, haben nichts als auszubessern.
Vormittag machten wir uns lustig über den Einjährigen Molnár. Man sagte ihm, er habe ein Paket, das er nur dann bekomme, wenn er sich fein herausputze. Man schickte ihn von einer Charge zur anderen, jeder hat etwas an ihm auszusetzen, endlich bekommt er ein Paket mit Stroh und leeren Konservenbüchsen. Er wollte fort vom Zug und zu uns, wenn auch als Pferdewärter; geht nicht.
Nachmittag sehen wir etwa 15 Russen eine Deckung bauen, wir feuern, decken, schiessen zurück.

1915 **Január 12.** Dienstag

Dienstag. Vergass gestern zu schreiben. Gestern war keine Fassung, auch vorgestern keine.

1915 **Január 13.** Mittwoch

Entdeckten Stellung von 7 russischen Kanonen. Skizze an unsere Artillerie. Die schiessen, als sie aber eingeschossen waren, hören sie auf.
Machten eine Mühle auf die Bank und Spiele mit Kuczkó. Kovács sieht zu. Hauptmann Varga stellt mich Hauptmann Kleeblatt vor: „Der Einjährige, sehr brav“. Machte gestern die Deckungstür. Küchen-Befehl, dass wir an die rumänische Grenze gehen. Bekam Schneehaube, Hosenriemen. Liess 20 Pfund Zucker bringen, übernahm 2 Pfund, je 1 Krone, Staubzucker. Artillerie Oberst kam, sah sich die russische Stellung an. Lehrte Kuczkó die Arie „Denkst du an mich“ aus dem „ Mädchen aus dem Westen“ jetzt singt er es immerfort. Anstelle der 8. kam die 7. Kompanie. Hören, dass wir mit den 69-ern Stellung tauschen werden. Arnoul kam um ½ 11 = Feldzeichen aufstecken, nicht schiessen -Friedensverhandlungen? Regen. Die Artillerie fängt an, schöner Friede.

1915 **Január 14.** Donnerstag

Zwischen Krasik und Paradyz in der Schwarmlinie. Mussten gestern Platz wechseln. Abends um ½ 6 auf, gingen nach Ciechowin, dort Abendmahl je 3 Mann ½ Brot. Gegen 8 Marsch, nach Kalinkow, finster, treten in tiefen Kot herum, in kleine Bäche, da man nichts sieht, russische Reflektoren blitzen auf. Endlich hier. Deckung nicht zu vergleichen mit unseren. Mit grosser Mühe fand ich für Abteilung Platz. In einer Wandnische Feuerherd, konnten heizen. 1 Uhr nach Mitternacht, Füsse nass, kalt, schlief kaum. Morgens Jagd nach einer guten Stellung. Russen an einem Waldesrand. Zwischen uns unsere Feldwache. Endlich Stellung am linken Flügel des 1. und rechten Flügel des 2. Baons. Schrapnell-Volltreffer in jene Deckung wo wir geschlafen haben. Manchen Häuser stürzen bei Treffern mit Krachen zusammen. Erde hier nicht sandig, sehe sie für gute schwarze Erde an - für Friedenszeiten.

1915 **Január 15.** Freitag

Heute kamen noch keine „Brunnengräber" d.h. Granaten, nur manchmal Gewehrfeuer, Kugeln über uns. Uns ist schiessen verboten. Der neue Waffenmeister kam heraus, sympathischer Mensch.
Abends Gulyas. Küche muss 1 ½ Stunden herausgetragen werden, da hier Pferde nicht in die Nähe der Stellung kommen können. Deckung fing Feuer, löschten es mit grosser Mühe. Fassten kurze Pelze, wählte mir einen leichten aus Hasenfell. Nachts Alarm, am linken Flügel Bewegung bei den Russen. Regen. War nichts los.

1915 **Január 16.** Samstag

Gestern abend stieg zwei fingerhoch Wasser in unserer Deckung. War nicht zu helfen, gingen mit Korács zu Kuczkó. Der neue Waffenmeister reinigte das linke Gewehr. Da geschieht etwas sonderbares. Hinter uns auf dem Wege kam ein Auto. Zu unserer Verwunderung winkten wir gar nicht ab. Russen geben Salven, decken, Hauptmann steigt aus dem Auto, muss sich verirrt haben. Russische Artillerie schiesst unsere Front ab, nimmt auch Auto aufs Ziel 10-12 Schüsse um Auto herum, kein Treffer, 20-30 Schritte von uns Granaten, Russen dachten wohl ein General sei angekommen. Am Granattrichter spritzt mir Kot in den Hals, Tschürtz bekommt etwas festes an den Kopf, blutet. Das Schwirren der Granatsplitter immer heftiger, dann endlich Ruhe, Regen, grosser Kot.

1915 **Január 17.** Sonntag

Neben dem Ofen, Hände ganz schwarz vor Schmutz, hier kann man sich nicht so oft waschen, da der Platz „stinkt", d.h. gefährlich ist. Gestern wurde auch der Drahtverhau ganz zerschossen. Sobald jemand nach dem Auto zu ging = Salven. Wurde nachts weggezogen, war durchlöchert.
Gestern wurde mein Gewehr gereinigt. Regen, Regen, Deckung tropft, wenn man aufs Stroh schlägt, plätschert darunter das Wasser. Nachts wieder Alarm, Paare und unpaare Mannschaft abwechselnd Wache.
Fluchten aufs Wetter, im Laufgraben kann man vor Kot kaum gehen. Haben Wacholder-Späne, brennen aufrecht wie Kerzen. War noch nie so verbittert wie in diesem Wetter. Jeder hofft übrigens auf Frieden, nicht einmal verwundet werden will man sein, wozu auf die kurze Zeit?

1915 **Január 18.** Montag

Morgens in der Deckung. Immer öfter und hartnäckiger fallen die Tropfen von der Decke auf das leise raschelnde Stroh. Draussen schon hell, sehe an der Zeltblatt-Tür vorbei. Russen schiessen, wir nicht. Posten singt mit anderen: „Nichts tut mir weh!"
Bin ganz apathisch. Habe keinen Wunsch, keine Lust, keine Furcht, keine Gedanken, jetzt alles einerlei; fühle dass der Mensch nur aufhören braucht zu denken, und er ist nicht mehr. Feuer scheint mir ins Gesicht, Kovács schnarcht, na wo ist der Löffel, dass ich den Kaffee umrühre. Sobald der Schaum verschwunden ist, ist der Kaffee fertig, das ist die Vorschrift.
Bekam Paket eines Verwundeten, Handschuhe, Magentropfen, deutsches Gebetbuch, Gebäck und Äpfel.
Als ich nachts Zündhölzchen anzündete, lächelte mir aus einer Falte meines Mantels ein Meeresauge entgegen, - sie war voll Wasser.

1915 Január 19. Dienstag

Dienstag. Vergass gestern zu schreiben, dass wir vorgestern 75 kleine Waschbecken voll Wasser aus der Deckung geschöpft haben. Gestern durchschnitten wir die Landstraße, die gerade hinter uns zieht und legten damit die Deckung trocken. Jetzt ist alles gut, noch heute wurde die Deckung in Stand gesetzt, wir schlafen jetzt auf einem Lattenzaun, auf dem Stroh liegt, unter dem Zaun ein Luftpolster, dann erst die Erde, also modern eingerichtet. Legten uns gestern gerade schlafen als Kuczkó mich rufen liess: Kam ein deutsch-sprachiger Befehl, den er nicht verstand: Gefangene Russen hätten ausgesagt, dass ein Angriff bevorstehe. Alles in Bereitschaft.

Nachts fror die Erde fest. Die Sappeure arbeiten. War nichts los.

1915 Január 20. Mittwoch

Warteten gestern auf eine Spionin vor der russischen Front, eine Lehrerin, kam nicht. Hauptmann Varga will, dass ich die Stellung der feindlichen und eigenen Artillerie aufzeichne und beobachte mit welchem Erfolg unsere schiessen. Weiss nicht, wie ich das anfangen soll.

Heute Nacht prächtiger Sternenhimmel, wie im Sommer zuhause. Wieder Bereitschaft. Orientierte mich gerade auf der Karte, liegen zwischen Wojcin und Krasik (Feliksow).

1915 Január 21. Donnerstag

5. und 6. Kompanie hier, mit ihnen Hauptmann Varga. Abend kam er auch hierher und erkundigte sich gleich nach mir, ist mir gut. Ich versprach ihm die Entfernung des russischen Scheinwerfers abzumessen, damit dann unsere Artillerie schiessen kann. Auf seine Frage wie ich denn die Entfernung abmessen will, sagte ich: wir werden sie abschreiten. Er lachte herzlich. Abends liessen wir uns den Scheinwerfer avisieren, liefen 2600 Schritte zum entge-

gengesetzten Ende des Walds und bestimmten mit dem Distanzmesser die Entfernung. Bericht noch abends geschrieben.
Bekam gestern abend 6 Pakete von Tante = 2 Unterhosen, 2 Hemden, 2 Paar Handschuhe, 2 Paar Socken, Sacherin, Schokolade, Zitronensäure und Thee-Gebäck. Verzehrten mit Kuczkó und Kovács alles in einem Sitze (ein Maulwurf erschien in der Deckungswand). Rechts und links Kanonen. Gespräch über Wissenschaften.

1915 **Január 22.** Freitag

Freitag. Unglückstag, von der 5. Kompanie fielen 2 Mann, der eine bekam eine Kugel in den Kopf obzwar er in der Deckung war, dem anderen kamen die Gedärme heraus. Rechts lebhaft, Hauptmann sagt, Russen werden dort die Deutschen angreifen. Die ganze Nacht machten Sappeure den Maschinengewehren einen neuen Stand, um die angreifenden Russen in der Flanke zu fassen. Bekommen neuerdings auch Kaffeekonserven.

1915 **Január 23.** Samstag

Gestern kam der Waffenmeister von seinem Einkauf aus Pietrokow zurück. Brachte Rum, Anis-Branntwein, Kognak, Seife, Kerzen, Zündhölzchen, Zucker, Zigaretten. Bekam von Kárinán Brief: Semester in Budapest ist am 2. April zu Ende. Redete mir zu, der Pesti-Hirlap Berichte zu schicken, täte es vielleicht, wenn ich Papier hätte. Vielleicht wird noch etwas daraus. Wie man hört, soll Arnoul beim Bombenwerfen verunglückt sein, samt 5 anderen, da die Bombe vor Abschiessen explodierte. Trompeter gefallen, wird hier ungemütlich. Von beiden Seiten Artillerie-Feuer.

1915 **Január 24.** Sonntag

Sonntag. Ganzen Vormittag donnern unsere Kanonen, keine Minute Ruhe. So ein Feuer habe ich noch nie gehört. Treffen nicht immer gut, kommen auch manchmal in unsere Nähe („na da werma halt Feuer einstellen".) Wenig Schnee. Nachricht von gestern mit dem Bombenunglück insofern nicht wahr, dass nicht Arnoul der verwundete Offizier ist. Russen uns gegenüber singen abends. Wir gehen bis zum Drahtverhau hinaus um sie besser zu hören. Hörten fernes Gefecht. Warf mein Hemd weg, lausig. Preistafel: ½ Lit Rum oder Kognak oder Anis Branntwein 3 Kronen, 6 lange Kerzen 3 Kronen, 1 duftende Seife 1 Krone. 1 Zitrone 20 Heller, 1 Wurst 2.40, 1 Pfund Zucker 1 Krone.

1915 **Január 25.** Montag

Schrieb gestern nachhause. Vergass zu erwähnen, dass wir weisse Röcke, Schneemäntel bekamen, damit uns die Russen nicht so leicht bemerken. Abends kam der Hauptmann, rief Alarm, war aber nur Übung. Nachts griffen die Russen die 62. Division an, wurden aber zurückgeschlagen.

1915 **Január 26.** Dienstag

Bekamen Kniewärmer. MGA der Bosnjaken schoss zu den singenden Russen hinüber, wir tun es nicht. Kam nachts viermal aus der Deckung, so warm ist es drinnen. Oder sind' s die Läuse? Kovács schimpft über die Professionisten, Kuczkó und ich verteidigen sie, er lobt die übertriebene Sparsamkeit, wir sind dagegen.

1915 **Január 27.** Mittwoch

Nachts wieder Angriff der Russen, links, ganz nahe, gegen Mitternacht. Zurückgeschlagen. Jetzt ist die Reihe an uns. Hielt Vortrag von der Dreier-Regel.

1915 **Január 28.** Donnerstag

Vaters Namenstag. Den ganzen Tag Ruhe.
Oberst war hier. Hauptmann ebenfalls: „Wo ist der Einjährige,

der Gauner?“ Hier!
Überreichte mir eine Stange Schokolade.

Habe folgende Koch-Rezepte:

Kaffee: sieden bis Schaum vergangen.
Thee: im Wasser sieden (nicht gleich vom Feuer nehmen)
unter Deckel ziehen lassen.
Kartoffel: in der Haut gekocht, ebenso gebraten.
“ kochen, schälen, zerstampfen mit etwas Schmalz einrühren.
“ schälen, roh schneiden, in Schmalz dünsten, mit Krammeln.
“ “ “ (dünn) “ braten.
“ “ “ (dick), in Fett und Wasser, bis Wasser
verdünstet und zu Brei wird, nennen es Paprikasch Kartoffel,
ohne Paprika.
Wurst: in Morgen-Suppe kochen.
Wurst: braten.
Kartoffel-Püré: mit Schale kochen, schälen, passieren
(d.h. zerstampfen).
Wenig Schmalz und viel Zucker hinein.
Wie Conditorei-Gebäck,
leider kann man nicht viel davon essen.
Zwieback-Mehlspeise: Wasser Kochen, zerkleinerten Zwieback
hinein, wird im Dampf weich, mit Salz,
oder besser mit Zucker, Schmalz hilft.
Brot: rösten, in Fett backen, mit oder ohne Salz, oder Zucker.
Letzteres Gericht heisst Kriegs-Krapfen,
ebenso gut wie zuhause zu Fasching.
Woján-Krapfen: Kartoffel mit Schale kochen, schälen,
Brot mit Messer zu feinen Krumen zerkleinern,
mischen, etwas Wasser, Salz. Nudelbrett oder ohne:
Knödel machen in Schmalz backen.

1915 **Január 30.** Samstag

Schrieb gestern nichts, geschah nichts besonderes.
Oberst ging die Front ab. Hauptmann bot uns 5 Tage Rast an, aber es sei dann nicht bestimmt, dass wir wieder hierher zurückkommen. Bleiben lieber hier, als anderswo von neuem anzufangen.
Kuczkó schläft viel, vom Kirsch und Anis Branntwein, ich bekomme Sodbrennen davon. Trinke aber tapfer mit.
Nachts kam Hauptmann mit der Nachricht, dass der Oberbürgermeister Budapests morgen herauskommt sich das Hausregiment anzusehen. Frisches Stroh. Befehl, dass jeder Mann täglich zur Übung 5 Schüsse abzugeben hat. Übungsplatz gut ausgewählt. Wir haben den Verdacht, die Russen halten auch nur Übungen, sie schiessen so sehr selten. Wenn die Kugel über uns pfeift, gibt Kuczkó seine Kappe auf einen Karabiner, und winkt den Russen damit „Gefehlt" zu.

1915 **Január 31.** Sonntag

Gestern abend Alarm, links von uns Schiesserei: Dann wurde verlautbart, dass Bosnjaken nachts vorgehen, an den anderen Fronten muss geschossen werden. Fingen abends an. Alles glaubt ist wegen dem Oberbürgermeister, dass der sieht, wir verteidigen Tag und Nacht das Vaterland. Befehl kommt: Maschinen-Gewehr hat heute abend und morgen früh je 1000 Schüsse abzugeben. Das ist doch unerhört, es ist doch kein Ziel vorhanden, auch nicht gegeben.
Mein Gewehr geht nicht gut, Waffenmeister gerufen.
Kuczkó heiter vom Anis, Kovács gab seiner Kirsch-Flasche einen Handschlag, dass sie zerbrach, singen draussen. Um 6 Uhr gehen 1000 Schüsse hinaus.
Unser Laufgraben heisst Kleeeblatt Strasse, eine Wiese Gisella-Platz.

1915 **Február 1.** Montag

Gestern kalt. Schnee. Helle, sternenklare Nacht, Vorpatrouille war ganz gut zu sehen, wundere mich, dass Russen sie nicht beschossen.
Gestern Liebesgabe, leider wenig zu essen, 5 Stambul, 5 Magjar, 3 Hölzy Zigaretten.
Nachts kam der Hauptmann und schimpfte, dass das Schutzschild nicht verdeckt war. Maskierten es. Jetzt schiessen Russen fleissig her, haben sie das Gewehr bemerkt? Die Kugeln gehen ins Dach der Deckung, die Erde rieselt uns in den Nacken.

1915 **Február 2.** Dienstag

Bemerkten gestern abend, dass die Russen den Handgriff des linken Gewehrs zerschossen hatten, doch ging nur das Holz zugrunde. Mein Gewehr können die Russen nicht sehen, da es in der Flanke steht.
Neues Gericht auf dem Tisch bzw. Stroh: Kraut. Neuhold brachte es, in Fett gedünstet, mit Wurst, sehr gut. Auch schon Zwiebel zu haben, es geht uns immer besser, 7 Stück 1 Krone.
Vorposten fanden einen 44-er tot und zu Eis gefroren zwischen den Stellungen. Die 44-er waren vor uns hier, der Arme muss schon vor Wochen gefallen sein. Beerdigten ihn hinter der Landstrasse, hier in der Nähe.

1915 **Február 3.** Mittwoch

Gestern abend Nachricht, dass Hauptmann in seiner Deckung verwundet wurde, ging nachhause; Jetzt ein Leutnant i.d.R. Kompanie-Kommandant. Feldwebel Szabó sagt, dass wir 83-er nach Wien geschickt werden, da dort unser Kader. Glaube nicht daran.
Vormittag Reinigung bei mir, auch rasiert. Läuse-Visit. Hie und da ein Schuss an der bosnjakischen Front.

1915 **Február 4.** Donnerstag

Nachmittag Schneeball-Schlacht.
Russen haben es, scheint es, auf uns abgesehen, schiessen fleissig zum Maschinen-Gewehr.

1915 **Február 5.** Freitag

Gestern abend Paket von zuhause mit Strümpfen, Taschentüchern, Handtüchern, ein Paket aus Wien von Tante vom 16. Dez., mit Thermosflasche, Nüssen, Dames-Zigaretten.
Feldwebel zeigt 2 Zeitungen vom 17. und 26. Dezember, waren sehr interessant. Schuhe gewechselt, neue haben 1 cm dicke Sohlen. Bekamen grüne Schneebrillen.

1915 **Február 6.** Samstag

Gestern kam das Weihnachtspaket von zuhause an. Leider war alles verschimmelt. Schrieb aber, dass alles sehr gut geschmeckt habe.
Wieder eine Latrinen-Nachricht: wir gehen in Reserve. Bliebe lieber hier.

1915 **Február 7.** Sonntag

Sonntag. Wollte heute an András schreiben. Kam nicht dazu. Nachricht: Hauptmann Kczán übernimmt das Kommando der M G A. Ist gleich hier.
Der Maulwurf hat schon wieder eine Masse Erde in die Deckung hineinbefördert.

1915 **Február 9.** Dienstag

Hände tun weh vom vielen Graben. Gestern abends kam Diener vom Hauptmann heraus mit dem Befehl ihm eine Deckung zu graben und die Gewehre zu überdecken. Die Mannschaft unter dem Waffenmeister grub die Deckung. Unter meinem Komman-

do wurden die Gewehre mit Dach versehen. Abends ging Hauptmann durch, sah ihn aber nicht. Anderen Tages kam er wieder, fragte, von wo ich bin. Er war verwundet bei Sabac. Spricht schlecht ungarisch.
Abends überkam es Kovács und mich: die Deckung müsste vergrössert werden. Eins-zwei war die Alte demoliert, und wir arbeiteten die ganze Nacht hindurch, bis die neue fertig wurde. Wenig Stroh, auch ein Fenster ist daran.

1915 **Február 10.** Mittwoch

In der Deckung sehr warm, Fenster schwitzt.
Heute Nacht wurde Deckung des Hauptmannes fertig. Das andere Gewehr ist auch bedeckt. Abends kam Stroh, alles ausgepolstert. Jetzt schwirrten zwei Geller an meinem Kopfe vorbei: Decken!
Gestern antreten, Hauptmann frägt ob ich gut schiesse; natürlich sagte ich -ja. Mannschaft säubert die Deckungen.
Kinder bereiten sich für Ostern vor. Gestern kam Nachricht, dass wir nach Dowbrowa gehen um zu baden, später widerrufen.

1915 **Február 11.** Donnerstag

Gestern abend Alarm, um 9 Uhr alle in den Graben. Es kam das neue, 4. Marschbataillon; die Armen waren müde, bekamen nicht gleich Plätze und mussten im Freien stehen. Der Major Corzer kam die Stellung zu prüfen. Hauptmann verordnet Bereitschaft, da Bosnjaken wahrscheinlich vorgehen werden.
Um 12 sehr kalt; Hälfte in der Deckung; ein naiver Fähnrich des Marschbataillons kam herein und sagt; er hörte vor dem Graben Lispeln man müsse sehr Acht geben. Wir lächelten in uns hinein.
Nach 3 schlaflosen Nächten sehr gut geschlafen.
Ja, ich war Kommandant der Bereitschaft, seit der Hauptmann da ist, gibt's auch so etwas.

1915 **Február 12.** Freitag

Hauptmann liess 30 Verschläge Munition herausbringen. Angriff der Russen wird erwartet. Nachricht - wir sollen nach Jaksorek gehen, überhaupt die ganze 4. Armee nach Cattaro transportiert werden.

Gestern war Kisó, der degradierte Zugsführer hier, erzählte wie in Dobrowa gebadet wird. Wanne wird mit warmem Wasser gefüllt. 3 Mann baden auf einmal, reiben sich ab, spülen sich mit kaltem Wasser ab, dann mit Benzin abgerieben, endlich frische Unterwäsche. Uniform desinfiziert. Major kam zu Hauptmann zur Visite, lassen fragen ob wir ihnen etwas kochen können. Gestern schmeckten dem Hauptmann nämlich die Kriegs-Krapfen sehr wohl. Bekommen gebratene Kartoffel.

1915 **Február 13.** Samstag

Neben Jaksonek im Walde Rast. Vorgestern wurde ein Mann hier beerdigt, der von Anfang an im Felde war und den eine zusammengestürzte Deckung erdrückte. Begräbnis mit Musik, hörten es von weitem.

Gestern nach Nachtmahl: Aufnehmen, standen bis 1 Uhr nach Mitternacht in Rüstung, 69-er, die uns ablösen sollten, kamen nicht. Fingen schon an Kaffee zu kochen, als Abmarsch befohlen. Graute schon, befürchteten Kugeln, wenn wir aus dem Graben treten, geschah nicht. Abteilungs-Wagen, auch diesen haben wir jetzt, kam uns entgegen, führte Munition zurück. Ich zerbrach meine Thermosflasche, ärgerlich. Über Ackerfelder, riesiger Kot. Viele bleiben schon jetzt zurück. Niemand weiß, - wohin.

1915 **Február 14.** Sonntag

In der neuen Deckung, man hört das Todesröcheln des armen Knaús im Laufgraben herein. Er stand Posten beim Gewehr als ein Granatsplitter seinen halben Kopf wegriss, vom rechten Auge

bis zum Kinn herunter. Er sitzt an die Wand gelehnt, Sanität war hier, nicht zu helfen, als ich forderte, dass man ihn verbinde, liessen sie mich einfach stehen. Mit Knaús verschwindet nun der letzte Deutsche aus der Abteilung.
Gestern traf ich Arnoul im Wald, sagte, wir lösen 70-er ab. Langer Marsch, entsetzlicher Kot. Sah den 84-er Waffenmeister, war nicht mehr der dicke. lustige Kerl, blass, gab ihm Anis. Endlich in einem Dorf wo 70-er, Serben und Kroaten, zum Unglück kamen wir an die Stelle der 23-er. Auch 2. Baon. Schlechte Stellung, im Laufgraben nie gesehener Kot, gingen endlich oben, obgleich gefährlich. Um ¼ 4 hier, bauen Deckung um.
Heute früh fiel Knaús, röchelt noch immer, wenn er Tod ist, beerdigen wir ihn hier in der Nähe. Unheimliche Front, da muss etwas geschehen und ich fürchte es wird nicht zu unserem Ruhm gereichen.

1915 **Február 15.** Montag

Gestern abend traurig, wie geschlagenes Heer. Hauptmann kam herauf vormittag und sah sich den armen Gefallenen an. Er war gerührt, er hielt lange seine Hand, sagte nichts. Erfuhren später, dass wir fort müssen, da russische Artillerie sich auf uns eingeschossen habe; das war auch so.
Regen. Abend Grab für Knaús, bekam auch ein Kreuz mit Aufschrift: Inf. Knaús Franz, für Kaiser, Vaterland und König den Heldentod gestorben. Deckten ihn mit Zeltblatt zu und liessen ihn hinunter. Sehr dunkel, Posten stehen dicht. Dann Befehl: Aufnehmen, fort von hier. Wieder im Graben, Kot und Quellwasser fliesst drinnen. Hügel hinunter, bis an die Waden. Nach 3/4 Stunden hier angekommen, hier grosse Deckung, für sämtliche Mannschaft.
Morgens Gewehre in Stellung, ein Mann von der Kompanie Bauchschuss, Sanität sagt, muss sterben. Laune schlecht. Gestern

hatten wir den ganzen Tag kein Wasser. Dorf hinter uns Potok. Nicht weit von der Opoczno-er Eisenbahnlinie.

1915 **Február 16.** Dienstag

Gestern wieder Trauriges. Anfangs fällt Schnee, freuen uns auf den Frost, doch schmilzt der Schnee und Kot noch grösser. Mannschaft trägt Holz in die Deckung des Hauptmanns, Kovács und ich Posten bei den Gewehren. Stand auf der Aussichtsbank und schaute nach den Vorposten. Gewehr eingestellt auf Drahtverhau. Russen 700 Schritte. Gestern abend wieder ein Bauchschuss, Tod, aus der Kompanie. Tragen ihn vor unserer Deckung vorbei. Abends 9 Menage und Fassung. Dann scharfes Feuer. Hauptmann kommt, dann still; Weiss legt dem Hauptmann nahe, in die Deckung zu gehen, die Russen kommen ja nicht „Ja, fragen werden´s Dich" sagte er und blieb. Dann kam er in unsere Deckung. Stille. Draussen eine nuschelnde Stimme, Kuczkó kommt verstört herein, Zugsführer Tihanyi hat sich in den Hals hineingeschnitten. Alle betroffen. Hauptmann. Das ist blöd. Tihanyi hatte Fieber, Kopftyphus? Hatte Verfolgungs-Manie und als das heftige Feuer anfing stach er in seinen Hals und schnitt ihn nach vorne auf. Hauptmann tut mir leid, nimmt sich´s sehr zu Herzen.

1915 **Február 17.** Mittwoch

Gestern fragte Hauptmann: Kuczkó, Waffenmeister Nagy, Kovács, Lalko und mich aus, über unsere Kriegserlebnisse, er will uns in 14 Tagen für eine Auszeichnung vorschlagen. Fragte mich, ob ich bestraft war; traurig, hier gilt´s nämlich als Strafe, wenn jemand in das Marschbataillon eingeteilt wird. Er sagte, er wird noch ausfragen.

Gestern geschah nichts. Tihany´s Wunde nicht lebensgefährlich. Zweimal Alarm nachts, einmal wegen Schiesserei; dann weil Feldwache: „Halt" schrie. Maschinengewehr ist auf einem Wege, wenn die Russen auf diesem kommen sollten, so wandern sie in Reih und Glied ins Jenseits. Befehl: tagsüber in der Deckung, da wieder zwei Mann gefallen als sie sich zeigten, unsere Artillerie schoss. Nachricht: werden abgelöst. Hergott noch einmal! Die Mannschaft plagte sich mit Hauptmanns Deckung ab, jetzt wäre sie fertig, und wir müssen weg.

1915 **Február 18.** Donnerstag

In Zarzecin. Gestern abend aufpacken. Man hört, wie werden für die Bukowiná, oder Karpathen einwaggoniert. Die 62-er kamen erst gegen 3 Uhr früh. Bekam abends noch ein Paket von zuhause. Hatte keine Zeit es aufzumachen, hängt jetzt an meinem Brotsack. Einschuss-Patronen, Munition gingen früher zurück. Hauptmann schlief noch zuletzt und zuerst in seiner Deckung. Gingen nach Potok, von dort nach Obacnow, wo Frühstück.

Ging in ein kleines Haus, in dem ein schönes, blasses Kind im Bett lag. Augen glühten. Später kam Fähnrich mit einem (natürlich) jüdischen Unterarzt herein. Ich bat ihn, das Kind anzusehen. „Ja, bin ich denn ein Arzt?“ antwortete er. Später sagte mir der Fähnrich, dass ihn die Leute alle bittend ansehen, da er ein Armband mit dem roten Kreuz hat. „Aber ich sehe nicht hin“. Niederträchtig. Wenn er auch kein Arzt war, die Eltern hätte er auch so beruhigen können.

Jetzt in Zarzecin wohin wir um 12 Uhr kamen. Um ½ 3 weiter, wahrscheinlich nach Pietrokow, wie allgemein verlautet. Hauptmann verlangte die Karte Nowa Radomsk, dies deutet auch auf Einwaggonierung. Sitze auf einem Requisiten-Verschlag. Abends in Gelesce, beim Meierhof - Defelierung vor Obersten. Hauptmann verschaffte uns gutes Quartier. Leute sprechen deutsch, drei Kinder: Alfred, Elvira, Wanda, schön. Gab jedem 3 Würfelzucker. Schreibe auf einem Tisch mit weisser Decke. In Obacnow bei Pawel Mazur, wo das kranke Kind.

1915 **Február 19.** Freitag

In Baby. Schlief gestern im Bett, das erstemal seit dem Kriege. Zugsführer Schwarz und Cservenka vom Train waren auch hier. Morgens ½ 8 Abmarsch. Gaben der Frau einen halben Sack Salz. András schrieb 2 Karten.
Gestern und heute Defilierung vor dem Oberst. Sagte heute: „Gut", ein grosses Wort. Leute sprechen hier nur polnisch. Man sagt, die Beförderungen und Dekorierungen sind eingereicht worden.
Baby heisst eigentlich Gossiwodce, kamen gestern auch durch Swientuiki und Lubiatow.

1915 **Február 20.** Samstag

Noch immer hier. Unsere Hausleute, ein alter Mann und eine auffallend schöne junge Frau (vielleicht sagten sie nur es sei seine Frau, um die Soldaten in Schranken zu halten) wollten um nichts in der Welt mit uns speisen, da Fastzeit sei.
Lies mir Haare scheren, Gewehre wurden gereinigt. Regen.

1915 **Február 21.** Sonntag

Sonntag. Legten uns gestern in der Hoffnung nieder heute einen ruhigen Tag zu haben. Hauptmann kam und teilte mit, das wir nächsten Tag in die Kirche gehen um ein Vaterunser für die gefallenen Kameraden zu beten. Dann: dass er den Nagy, diesen Schmeichler und Kuczkó zum Feldwebel befördern liess. Kuczkó verdient es, ist ein braver Mensch.
Um 2 Uhr nachts Befehl: auf, sofort packen, um 4 Uhr werden wir einwaggoniert. Stockfinster, grosser Kot, Regen, werden durch und durch nass. Als wir zur Station kommen, steht das 1. Baon noch immer da. Standen auch bis morgens, bis Mittag, wir sind noch immer nicht im Wagen.
Fassung: Zigaretten und Klosettpapier, Pfeifentabak.

1915 **Február 22.** Montag

Gestern abend kam endlich unser Zug. Unser Bauer bekam unseren Wagen und das Pferd, da diese überzählig waren. War dunkel, als endlich Abfahrt. Sind im Güterwagen. Wachten bei Czenstrockowo auf. Stationen schauen schrecklich aus: gesprengt, ohne Fenster, rauchige Fensterrahmen, ohne Dach, Ziegel, Dachziegel auf der Erde. Durch Kattowitz, Gleiwitz, viele Fabriken. Oderberg. Kinder stehen vor den Wagen und bitten um Patronen, geben ihnen russische und ungarische. Ratibor. Hören von den Eisenbahnern, dass es nach Kaschan geht. Also haben wir Telegramspesen nach Wien und Budapest erspart.

1915 **Február 23.** Dienstag

Bei Kattowitz gestern wunderschöne Fabriken, hat mich sehr gefesselt. Wachten in den Karpathen auf, Nadelwald überall, schneebedeckt. Über Iglo, Felka, Korompa, lauter Orte, wo ich schon war. Jetzt gehen wir eben aus Kaschau hinaus.
Ein garstiger Regen fällt. Halte die Kerze und schreibe. Bekam neue Menage- Schale und Feldflasche. Haben auch eine Flasche Bier. Ein Einjähriger trug unsere Karten zur Post. War schön angezogen.
Kajtár blieb hier, ist krank, sieht sehr schlecht aus.

1915 **Február 24.** Mittwoch

Zug steht`viel auf jeder Station. Morgens erst in Jatoralianjhelj. Standen lange in Csap. Abends in Ungvár.

1915 **Február 25.** Donnerstag

Vormittag in Malowrit auswaggoniert. Von dort nach Fewyesvólgy, hier in Baracken. Schreibe im Stall, draussen schneit´s. kalt. Berge schön weiss. Hörten gestern in Ungvár, dass hier Typhus sehr häufig, auch ist die Lage an der Front kritisch.

Von Fewyesvólgy nach Kiesvolgy. Überall grosser Kot, aber der letzte Teil des Weges war der fürchterlichste, so etwas habe ich noch nicht erlebt. Ein Knüppelweg führte steil aufwärts, rutschig. Pferde fielen um, jeder zweite Mann kollerte am Boden. Vom Berg herunter in tiefem Schnee. Gurni volo-Sat, das ist schon Galizien.

1915 **Február 26.** Freitag

Schlief gestern ohne Hemd, der Läuse wegen. Hausleute freundlich genug, brachten Stroh. Ihr Sohn wurde verwundet als Russen noch hier waren und unsere durchs Fenster schossen, Kugel im Rücken hinein, an der Seite heraus. Russen pflegten ihn.
Kinder sind im allgemeinen sehr schön, nur blass. Alte werden früh alt. Hauptsächlich Augen der Kinder schön.
Ofen hat keinen Zug, wenn geheizt, Türe offen. Rauch zieht in der oberen Hälfte des Zimmers zur Tür hinaus. Von oben hängen Russfäden herab. In einem Zimmer steht auch ein Kalb. Als die Kühe aus dem Stall müssen, um unseren Pferden Platz zu machen, kommen auch 3 Kühe ins Zimmer. Gab den Kindern Schokolade. Schnee. Viel Militär, da wird es losgehen.

1915 **Február 27.** Samstag

Gestern abend Rum gefasst, war der reine Spiritus, in den wir Wasser schütteten. Gaben dem Mann und der Frau zu kosten, tranken, dass wir uns entsetzten.
Man hört, wir sollen weiter. Mannschaft schaufelt halbmeterhohen Schnee, auch die Zivilbevölkerung um 3 Kronen Taglohn.

1915 **Február 28.** Sonntag

Osztricska (Gurni) . Gestern Abmarsch. An unsere Stelle kamen die 44-er- die haben 6 Maschinen-Gewehr-Abteilungen mit insgesamt 14 Gewehren. Abends 6 Abmarsch, sahen noch ein paar Juden, mit dem grossen Talmud unter den Armen nachhause gehen. Der Schnee leuchtete uns. Hier schlechtes Quartier. Pferde draussen über Nacht, wir im Stall. Der Pferdewärter Kovács blieb zurück, kam noch nicht an, der andere wurde für zwei Stunden ausgebunden, dauerte aber nur eine halbe Stunde. Heute brannte ein jüdischer Offiziersdiener, Weiss, durch. Bekam von Tante Läusevertilgungsmittel. Machen den Pferden jetzt einen Stall. Mannschaft auf dem Dachboden. Sehr viel Militär.

1915 **Március 1.** Montag

Im kalten Stall, dessen Wand (aus Stroh) die Pferde heute Nacht zur Hälfte aufgegessen haben. Beim Feuer im Freien kann man nicht bleiben, wildes Schneegestöber, man sieht die Berge nicht, alles weiss, vollkommen weiss. Seit 3 Tagen keine Fassung.
Hauptmann rodelte, aber nur einmal, da er öfter herunterfiel. Der Stall ist fertiggestellt, morgen gehen wir weiter. Horvát ging als Quartiermeister voraus. Bekamen heute Sold.

1915 **Március 2.** Dienstag

Weiss nicht, wo wir sind, werde es später schreiben.
Brachen heute früh 7 auf, mussten den ganzen Stall niederreissen, da das Dach aus Packdecken bestand. Schönes, ja wunderbares Wetter. Sonnenschein. Entzückenderes nicht zu denken. Gingen durch Bereko. Dann kam schreckliches Schneegewitter. Wir waren wandernde Schneemassen, jeder ein Schneemann. In einem Stall, kalt, Schwarmofen wärmt wenig.
Hauptmann sagte 5-6 Tage gibt es kein Brot, sparen. Haben nichts mehr zum sparen.
Kuczkó habe ich das Foncaultsche Pendel vor längerer Zeit erklärt gehabt; bei einer Rast lässt er seinen Stock schwingen, dieser schlägt an seinen Fuss und schwingt in einer anderen Ebene weiter. „Der hat aber schnell bemerkt, dass die Erde sich dreht“ sagt er.

1915 **Március 3.** Mittwoch

Gestern in Wetliana. In der Nähe der Baracke eine im Bau befindliche Kirche. Morgens grosse Kälte, Schnee krachte unter unseren Tritten. Um 8 Abmarsch. Weg heute leicht bis Cisna, nachmittag Schnee.
Wieder Gerüchte, dass wir nach Serbien gehen. Assen im grössten Schneegestöber zu Mittag. Hier wieder in Baracken, das ganze Dorf voller Bretter. Vor der Kirche und Friedhof Geschütze und Munitions-Wagen.
½ Liter saurer Wein beim Juden 1 Krone 40.

1915 **Március 4.** Donnerstag

In einer Holzbude. Neben uns im Stall knabbern die Pferde die Bretter, einige haben sie schon gefressen, bekamen sonst nichts. Auch wir nur halbe Portion, ass gerade mein letztes Stück Brot, bin nun verarmt.
Den ganzen Vormittag Schnee, entsetzliches Wetter, niemand geht hinaus. Viele Verwundete kommen zurück, in der Nähe muss ein grosses Gefecht gewesen sein. Vier Sägemühlen hier, von dort bringen wir das Brennholz.
Ich weiss nicht, was aus meiner Beförderung wird, Hauptmann versprach schon zweimal mit dem Obersten zu reden.

1915 **Március 5.** Freitag

Gestern kam Jude mit Schokolade, konnten aber nichs kaufen, da plötzlich Alarm. Schnell aufgepackt. Viele Verwundete kommen. Wurde als Quartiersmeister vorausgeschickt. Bekamen 3 Mann ein Brot und kleinen Zwieback, gingen nach Jablonki mit Leutnant Eleks. Waren beim Divisionskommando: Kein Platz. Ketzán: „Das ist bitter". Pferde im Freien, wir auf einem Heuboden auf wenig Stroh.
Morgens um 9 weiter, Kolonice. Hier schreibe ich neben einem

nicht brennen wollenden Feuer, auf einem Zeltblatt, auf einem Berge. Hauptmann sagt: morgen Angriff. Weg bisher sehr schlecht. Traf Csúroger. Kugeln verirren sich bis daher.

1915 **Március 6.** Samstag

In der Schwarmlinie. Gestern mit grosser Mühe Feuer gemacht, nur Reisig brennt. Man muss viel sammeln. Schlaf ermüdend und eine Pein unter dem Zeltblatt. Früh Abmarsch, kamen hier herauf- (Berg Manilowa).
Als wir oben waren, Kote 810, schossen die russischen Haubitzen ins Tal. Schrapnelle rechts von uns. Endlich in den Laufgraben. Hauptmann Kleeblatt am Fuss verwundet, geht zurück, zuerst Kezán, dann Miklósi Baons Kommandant. Befehl: Angriff in 4 Linien hintereinander. Waren paff. Keine Artillerievorbereitung, am hellichten Tage, ohne Infanterie-Feuer zuvor, einfach nur herauszuspringen gegen die Russen, die die Bewegung wahrgenommen haben und fest schiessen. Viele krochen hinaus, vorwärts kam keiner, umsonst Aneifern, Schreien, ein Trompeter, vier Trompeter, jetzt zu Mittag sind wir noch nichts vorwärtsgekommen. Alles niederschmetternd ungeschickt. Viele Verwundete und Tote. Német Josef am Arm verwundet, wir schiessen nicht, warum nicht? Vielleicht gelingt´s abends. 5. Kompanie sehr grossen Verlust. Oberleutnant Fernengel, zwei Fähnriche gefallen.

1915 **Március 7.** Sonntag

Sonntag, im Walde. Schreibe stehend, vor mir zwei Verwundete. Német hat das Schutzschild fallen lassen, es liegt an einem gefährlichen Ort, wir lassen es dort. Juzunischer Befehl, dass wir oben bleiben und die 25-er und 35-er ablösen. Doch gingen wir zurück hinter die Linie. Schlief unter einem Baum, alles in tiefen Schnee, deckte Füsse mit Zeltblatt zu. Die ganze Nacht Kugeln und Geller. Endlich gingen wir morgens ins Dorf, Namen weiss ich noch

nicht (Lubne) und standen dort herum. Auf einmal mit entsetzlichem Getöse und Donner in unserer unmittelbaren Nähe eine Schwere. Alles floh auseinander, noch etwa 10 Granaten kamen nach und das ganze 2. und 3 Baon in Flucht. Angeblich 30 Tote, zerfetzt, Verwundete werden jetzt vorbeigetragen. Auch Miklóssy verwundet.
Gestern abend nur Tee. 12 Mann 1 Brot. Andenken des gestrigen Tages entsetzlich. So viel Opfer umsonst! 4-mal war Sturm, alles erfolglos. Oberst mit der Pfeife im Mund ging auch vor die Deckung, konnte den Leuten keinen Mut einflössen. Kezán war böse, dass man ihm Kommando nahm, hat sich aber dann getröstet, wäre kein Ruhm gewesen. Sitze auf dem Hafersack, trank eben Tee, sonst nichts zu haben. Kovács und 3 Mann fehlen noch immer. Erde fiel auf das Dach. Waren in grosser Bedrängnis.

1915 **Március 8.** Montag

Gestern war also ein schöner Tag! Nach der Rast hinauf auf den Berg, von welchem wir in die Schwarmlinie zogen. Niedergeschlagen, nach der Niederlage und jetzt noch dazu hingehen müssen an diesen Ort! Fingen an Deckungen zu machen, als Befehl kam, nachts nach Jablonki zu gehen.
Sitze jetzt hier an unserem alten Platz, auf einem niedergelegten Baumstamm. Kamen nachts um 2 hier an, kein Platz, schliefen im Freien, im Schnee, Zeltblatt und Decke. Wachten aber auch früh auf, da wir sehr froren. Grausam kalt, Schnee knirscht, wie es in Sibirien knirschen kann. Aus Kirche - Spital geworden. (Neben der Kirche flog ich einmal die Böschung hinunter, beinahe in den Bach hinein, als ich Standort des Obersten suchte). Regiment sozusagen ohne Offiziere. Zwei Reserve Leutnante sind Bataillonskommandanten. Auf dem Weg hierher in der Nacht schauderhafter Weg, ich glaube jeder Mann fiel im Durchschnitt 30 mal, die meisten ins Wasser.

1915 **Március 9.** Dienstag

Gestern nichts neues. Sah mir unsere 15 cm Geschütze an. Wieder Brot, 2 Mann einen Laib, auch Speck. Hier noch die 6-er und 44-er. Angeblich sollen auf dem - für uns Kalvarien-Berg (Kote 810) 15 Offiziere und 400 Mann gefallen sein.
Entdeckten endlich einen leeren Dachboden, zogen hinauf. Schlief von 6-8 so tief, dass ich auch auf den Kanonendonner nicht aufwachte, obzwar, wie man mir erzählte, die Erde nur so bebte. Sind zur 6. bzw. 10. Kompanie eingeteilt.

1915 **Március 11.** Donnerstag

Gestern keine Zeit zum Schreiben. Der Unheilsberg heisst Manilowa 810, das Dorf wo die Granaten kamen, Lubne. Gestern wieder am Dachboden geschlafen. 6-er stehen auch schlecht. Bei uns blieben vom 2. und 4. Baon 2 Kompanien, die 8. und 15. Major Corzer führt. Das 2. und 4. Maschinengewehr unter Kezán. Gestern spazierten den ganzen Tag mit voller Rüstung im Schnee, Wind. Kezán schickte mich nach Lipowz, wo wir die 36-er ablösen werden, um die Stellung des Gewehrs auszusuchen. Ging mit einem Fähnrich und Kadett, nach vielem Herumirren hier. Schauerlicher Weg, Schnee bis zu den Knien. Steil, kollerten nacheinander herunter. Bei 36-er MGA Kommandant Feldwebel. Blieb in seiner Deckung. Sehr kalt, rechtes Ohr und rechter Arm fror steif in der Nacht. Kamen von 3 bis 7 Uhr herauf. Kompanie von abends 6 bis früh 6, hatten es in der Dunkelheit noch schlechter. Zu meiner Verzweiflung kam meine Abteilung nicht herauf, musste hinunter ins Tal, sie zu holen. Gewehr in Deckung, wo wir 6 Platz haben.

1915 **Március 12.** Freitag

In der Deckung. Gestern abend gab mir der Major den Auftrag, den kürzesten Weg nach Jablonki zu suchen. Machte mich auf,

ging schnurstracks und kam herunter, es ist wahr, ich ging so tief im Schnee, dass meine Hände hineinreichten. Statt 1 Nacht macht der Weg 1 Stunde aus (hinunter).
Freudige Nachricht: Manilowa ist erobert. Die Freude soll nur nicht zu früh sein. Den ganzen Tag schwirrten die Kanonenkugeln über den Bäumen. Draussen stehen die Bosnjaken, die wollen uns doch nicht schon ablösen?

1915 **Március 13.** Samstag

2 Uhr nach Mitternacht. Draussen so kalt, dass die Bäume krachen. Sitze beim Feuer und gebe Acht, dass sich die Posten halbstundenweise ablösen. Heute morgen, mein Gott, der Rauch trieb mir gerade Tränen in die Augen, als ich von Draussen eine süsse Stimme hörte -Vogelsang-, russische Artillerie schoss sich auf die Landstrasse ein, hatte gestern noch Glück.

1915 **Március 14.** Sonntag

Sonntag in Jablonki. Gestern abend kam Aviso, das wir auf andere Front gehen. Heute morgen kamen wir tatsächlich ins Dorf. Neben dem Weg die Telephon-Drähte zerrissen und verwickelt vom Artillerie-Feuer. Kamen ungern her. 69er gingen nach Cisna.

1915 **Március 15.** Montag

Sind jetzt in einem Tal. Divisions-Reserve. Gestern sehr schöner Tag, fror auch nachts nicht, alles freut sich - auf den Kot.
Viele Marode in der Abteilung: Korporal Horvát, Müller mit seiner Herzkrankheit, Jenei usw. Alles fühlt sich unwohl, halte mich verhältnismässig gut, obzwar der Schnupfen auch mich sehr hernimmt.
Kamen abends hierher. Auf den Weg sind die Russen eingeschossen, überall, rechts, links, mitten im Weg - Trichter. Schliefen nachts im Freien. Neben uns die Artilleristen ziehen mit Seilen

ihre Munition empor. Auch MGA 4 hier. Anfangs durfte man kein Feuer machen, jetzt brennts. Nachmittag 2 unter Artilleriefeuer. Ein Verwundeter.

1915 **Március 16.** Dienstag

Bin müde und sehr niedergeschlagen, wie noch nie im Krieg. Gestern abend war Aussicht auf Alarm, da man fürchtete die Russen brechen durch. Auch das Zelt musste abgebrochen werden. Abends 8 Marsch herauf auf diesen Berg. Es war höllisch und grausam, übertraf alles bisherige. Leute fielen schwer hin, Steigung mehr als 45 °, 3 Stunden lang immerfort. Alle entsagten ihrer Seeligkeit, so war die Stimmung. Morgens angekommen. Hier weder Laufgraben noch Stellungen. Pressen unsere Füsse eng aneinander um uns zu erwärmen.
Auf unserer Deckung oben liegt ein toter Russe, etwa 10 Schritte andere 4. Berg heisst Piaski.

1915 **Március 17.** Mittwoch

Russen ganz nahe, 50 Schritte (?) bekamen von uns zwei Ekrasit-Bomben, sie werfen wieder Handgranaten. Heute Nacht jede zweite Stunde beim Gewehr, war todmüde, da gestern nicht geschlafen. Kovács kam zu mir. Toter Russe liess, da es taut, seinen gefrorenen gehobenen Arm sinken. Leute schoben ihn weg von der Deckung. Hatte Schuss in den Mund. Sonne scheint, im Zelt hinter der Front am Bergeshang ist es ganz gelblich. Linkes Gewehr mein.

1915 **Március 18.** Donnerstag

Gestern nachmittag nahm uns die Artillerie scharf aufs Korn. Granaten und Schrapnelle unmittelbar in der Nähe, doch nur einige Verwundungen. Dachte, dies sei das Einschiessen für einen nächtlichen Angriff, irrte mich. Hätte nichts gegen ein kleines Durcheinander. War wieder jede zweite Stunde in der Nacht beim Gewehr. Wetter kälter. Jeder Baum des Waldes ist zerschossen. Ging gestern abend mit Kuczkó auf Jagd mit Mannlichern auf die Russen. Aufregend und etwas gefährlich. Heute morgen hatten Russen Ablösung, zu unserem Unglück blieb Maschinengewehr nach zwei Schüssen stecken. Bis wieder in Ordnung, waren Russen fort. Schnee fällt. Machen Hauptmann Deckung, gehen daher wahrscheinlich bald weg. Um diesen Platz tut es mir nicht leid.

1915 **Március 19.** Freitag

Land der Leiden, dieses Galizien. Gestern nichts los, nächtlicher Dienst ebenso ermüdend wie bisher.
Gegen 12 kam die Ablösung, das 1. Baon. Gerade war an der linken Flanke heftiges Feuer, bekamen auch hierher Kugeln genug. Dann der Weg hinunter! Unbeschreiblich. Setze mich oft einfach hin und rutschte hinunter, manchmal mit erschrecklicher Schnelligkeit. Fiel wenigstens 20 mal manchmal sehr unangenehm, endlich unten ins alte Tal. Man sagt 3 Tage bleiben wir hier. Sehr luftige Deckung, Wände und Dach aus Tannenzweigen, die oft auf uns herunterfallen. Schliefen bis Nachmittag 3 Uhr. Schnee geschmolzen. Beim Herabsteigen sagt Badár zu einem Fallenden: „na weisst du, Kamerad, gerade auf meinen Platz mußt dich legen!" Oder: der Herrgott haut die Leute hin!

1915 **Március 20.** Samstag

Gingen abends auf den Berg um eine Stellung zu besichtigen, die im Notfalle die 2. Linie sein würde. Auch Brigade Kommando hier. Geschützfeuer, keinen Verlust. Verteilte in der Finsternis mit Mühe die Fassung und legte mich schlafen. Deckung tropfte unausstehlich, wurden durch und durch nass, schliefen nicht.
Sitze jetzt beim Feuer.

1915 **Március 21.** Sonntag

Sonnenschein, Frühling. Ohne Mantel sitzen wir vor der Deckung. 50 Schritte von uns fallen Granaten, interessieren uns nicht, schauen dem Frühling zu. Schnee nur noch in Flecken auf den Bergen. Der Bach rauscht fröhlich ins Tal.

Waren gestern abend oben in der Reservestellung und arbeiteten bis 2 Uhr in der künftigen Deckung, die hoffentlich nicht nötig sein wird. Leute kränklich. Von den 2 Baonen ist nur die 8., 15. und 16. Kompanie vorhanden. Von den 260 Mann der 8.-ten sind nur 140 hier. Major wurde krank, jetzt ist Kezán Kommandant.

Gingen heute früh mit Kuczkó hinauf und messen einige Entfernungen ab. Sehen auch den Brigadier, ein junger Mann noch. Decken hängen draussen zum Trocknen.

1915 **Március 22.** Montag

Ging gestern mit Kezán in eine Stellung, die die eventuell vorbrechenden Russen in Flanke greifen sollte. Kamen kaum nachhause: Alarm. Über Lubne kamen wir auf diesen Berg, wo die Landwehr 14 ist; Russen kamen vor, nahmen 4 Maschinengewehre und gingen zurück. Kezán munterte uns auf, auszuhalten, sonst sind die Russen in Budapest. Ärgerte sich, dass sich die 15. und 16. und natürlich die 8. Kompanie sich nicht anschließt.

Hier oben im Laufgraben, keine Deckung, stand ganze Nacht im Graben in welchem Wasser stand. Mannschaft machte dem Gewehr ein kleines Loch. Wurde morgens fertig. Ausschuss gut, Russen können kommen. Bin jetzt in der neuen Deckung des linken Gewehres, koche Kaffee.

1915 **Március 23.** Dienstag

Stehe hinter dem Distanz-Messer, mit dem sich Kuczkó zurechtzufinden sucht. Dorf Rabe auf 26 vor uns. Vor uns ganz nahe 6 Tote, unter ihnen ein junger Fähnrich mit einem Milchgesicht,

14-er, grüner Aufschlag. Warten auf Beerdigung, oder warten auf nichts mehr.

1915 **Március 24.** Mittwoch

Im Zelt hinter der Linie. An den Bäumen klopfen die Kugeln, manchmal singt kurz ein Vogel, weit her Infanteriefeuer, dann dumpfer Donner: Artillerie. Gestern 7 Würfel Zucker gefasst. Gegen abends links heftiges Schiessen, ganz nahe, wartete jeden Augenblick, dass es auch vor uns losgeht. Einige Leuchtraketen fliegen. Dann Stille. Schlief. Obwohl ich den Leuten anbefohl mich jede halbe Stunde zu wecken, wenn der Posten abgelöst wurde, weckten sie mich nicht.
Begruben die Gefallenen, noch 4 kamen dazu. Grub gerade vor meinem Gewehr. Auf dem gelben Gesicht des jungen Fähnrichs Lächeln oder Wehmut: konnte es nicht erraten. Hatte ein so schönes Gesicht, dass seine Geliebte gerne neben ihm gestorben wäre, hätte sie es gesehen. Doch nur das Gesicht. Er war barfuß, ohne Schuhe und Gamaschen, seine Taschen waren herausgestülpt: mit einem Wort der gewöhnliche Anblick eines toten Helden. Er kam zu unterst, um tief genug in der Erde zu sein, denn das Graben ging schwer. Auch ein Kreuz.
Seit 3 Tagen schön, Schnee kaum mehr, im Laufgraben fliesst Wasser.

1915 **Március 25.** Donnerstag

Heute morgen wollten Russen vorrücken. Maschinen-Gewehr und Infanterie schossen wie wild, gingen zurück. Übrigens kommen beinahe jeden Tage einige Russen zu uns herüber, schütteln uns die Hand und gehen rückwärts in unser Land, die haben den Krieg erledigt.
Sitze in der Deckung, welche wir von den 14ern erbten, die abgelöst wurden. Kleines Feuer. Man hört Przemysl sei gefallen.

Ein Pferd ist krepiert vor Hunger, bekommen täglich 5 Handvoll Hafer, fressen die Pferdedecken von einanders Rücken, knabbern Holz, beissen die Wärter. Gestern auch wir nur ¼ Brot.

1915 **Március 26.** Freitag

Ganze Nacht Ruhe, war nur zweimal auf. Hielt Kuczkó Vortrag über Mathematik.

Wieder schlechtes Wetter, Regen, Schnee. Deckung tropft gehörig.

1915 **Március 27.** Samstag

Nachts Ruhe. Heute wieder ein trauriger Tag. Der 83-er Kabó mit dem wehen Fuß, auf den wir wegen seiner Faulheit oft schimpften, bekam einen Schuss in seinen Fuß. Und Feldwebel Nagy bekam eine Kugel unters Ohr, war sofort tot. Spähte gerade zu den Russen hinüber, armer Mensch. Man sagt, wir müßten zurück, weil die Russen den Weg des Nachschubes bei Jablonski erreicht haben. Glaube nicht daran.

1915 **Március 29.** Montag

Gestern Palmsonntag, heftiges Artilleriefeuer . Nachmittag 1 Aviso: zurück. Am hellichtenTag. Doch ging alles noch leidlich, Russen bemerkten uns spät, es gab Verwundete, hörte, dass manche nicht aus der Deckung kamen, sondern sich gefangen nehmen liessen. 800 Schritte weiter rückwärts neue Stellung, Laufgraben war schon im voraus ausgegraben voll mit Wasser, Regen strömt. Spannten zwei Zeltblätter über uns aus, jede Viertelstunde müssen wir herausgehen und unsere Füsse zusammenschlagen, sonst wären sie erfroren, Schuhe natürlich voll Wasser. In einer solchen elenden Verfassung war ich noch kaum.

Um 1 Uhr nach Mitternacht neuerdings zurück, sind in der Nähe Kolonice auf einem Berg. Kaum war Deckung einigermassen fertig kommt die Nachricht, dass Páhinás krank ist. Kezán überträgt mir das Kommando über die MGA 4. Finde im Ganzen nur 6 Mann im Dorfe, wo die Gewehre sind weiss niemand. Unbehagliche Situation.

1915 **Március 30.** Dienstag

Kolonice, Deckung im werden. Die auf gestern Nacht beorderten Maschinengewehre kamen nicht an. Verbrachte Nacht noch bei der 2-ten.

Ganze Nacht dichter Schneefall, nirgends sieht man, dass sich der Frühling schon gemeldet hat. Tagsüber kamen endlich die 2 Gewehre, lauter kranke Leute. Wir machten noch mit den Arbeitern im Dorf eine Stellung, als sie fertig war, kam Befehl: Dorf evakuieren, gingen hinauf in unsere vorige Stellung. Das rechte Gewehr ist weiter weg von mir, am linken bin ich selber und sehe ins Tal. Schiessen nur dann erlaubt, wenn Russen angreifen. Sie schossen auf uns als wir herauf kamen, ein Korporal bekam 2 Maschinengewehrschüsse ins Bein.

Sonst nichts neues. Abteilung ohne Ordnung, hoffe bis morgen alles ins Geleise zu bringen. Dichter Nebel, man sieht kaum.

1915 **Március 31.** Mittwoch

Gestern wieder denkwürdiger Tag. Kaum war der Nebel unten, als die Russen unter seinem Schutze vorwärts rückten. Wir hörten sie ganz gut lärmen und schreien und einander zurufen. Kurz darauf links von uns auf etwa 600 Schritt ungestümes Hurra, sogar einige Minuten lang. Landwehr Gewehr war nicht gut, drum ging ich zum linken Gewehr und liess ein Gurte voll (250 Schuss) hinaus. Darauf verstummt Hurra, Verwundete schreien, der eine schrie eine Viertelstunde lang kläglich etwas wie „Gebran“, vielleicht ein Name. Endlich verstummte er, aber nach eine Stunde unten im Dorf neuer Sturm: Hurra. Liess wieder schiessen. Schickte Horchposten aus, meldeten, dass sich Russen auf 300 eingraben. Hierauf nochmals zwei Gurten. Später kam Horchposten-Meldung, dass Russen innerhalb des Drahtverhaus sind. Wurde zum Regimentskommando gerufen. Truppen werden zurückgezogen, neues verrücktes Hurra, ganz nahe, sehen nichts, Nebel und Abend. Dachten alle, wir seien gefangen, kamen aber gut auf Kote 1001 an (1001 eine Ironie). Sitzen im Schnee eingegraben, eigentlich in einer Schneehöhle, Decke oben ebenfalls Schnee. Jeder halbtot, jeder zweite auf Marodenvisite.

1915 **Ápriliis 1.** Donnerstag

Vor mir ein russischer Verwundeter, den ein anderer Russe, jetzt unser Gefangener, und einer unserer Sanitäts-Leute hereingebracht haben. Schlägt die Arme zusammen um sich zu erwärmen und frägt (ich verstehe ihn) „Daleko doktor. Ist der Arzt weit?", ich zeige den halben Daumen „polck sat" eine halbe Stunde.
Sonne scheint schön. Gestern gefasst bei den Landwehren und von uns. Bekomme als Kommandant täglich eine ganze Konserve und ein ganzes Brot, ebenfalls eine ganze Portion Kaffee, schliefen heute in der Schneehöhle (Schnee hier oben an manchen Stellen 3 Meter hoch). Laufgraben ist in den Schnee eingegraben. Froren kaum. Sturm angesagt am linken Flügel, MGA 3 geht auch schon zurück. Russische Gefangene kommen truppenweise, und doch gehen wir immer zurück.

1915 **Április 2.** Freitag

Charfreitag. Sonnenschein. Weiss den Namen des Dorfes nicht (schmalspurige Bahn geht durch), an der Berglehne in Stellung. Nachts war Alarm, kamen mit Gewehren des L.J.R (schöne neue Gewehre) herunter. Ein Kadett führt sie, Nacht war schön, garnicht kalt, Weg herunter aber etwa wie vom Piaski. Übrigens ist nur die halbe Abteilung hier und bin besorgt, was mit den übrigen ist. Von den Pferden wissen wir nichts. Wenig Munition, nur zwei

Gurten je Gewehr, das eine Gestell fehlt. Warm. Von Ungarn nur 2,5 km entfernt. Offiziere sehen mich gern.
Oberstleutnant sagte mir, er werde meinem Regiment schreiben, es solle mich nicht vergessen, er selbst kann mich nicht befördern, da ich noch immer im Stande der 83-er bin. Sitze in selbstgegrabener Deckung, musste erst ½ m Schnee wegschaufeln, darunter grünes Gras.

1915 **Április 3.** Samstag

Vor „Zello“ auf einem Hügel. Gruben uns gestern ein.
Gegen abend kamen alle meine Leute an, einen ausgenommen. Hatte einen grossartigen Platz zum Schlafen, nämlich nicht die Erde, sondern frische Bretter unter mir, mit Zeltblatt zugedeckt, ansonsten unter freiem Himmel. Sehr schöner Sternenhimmel, wollte grübeln, der Schlaf überkam mich. Um 3 geweckt, aufpacken, zurück. Gingen zur Bahnbrücke, dann neuer Befehl: Maschinengewehr deckt Rückzug, eingraben. War bis 6 in Stellung mit dem Kadetten, gingen dann ebenfalls zurück. Kugeln kamen schon hübsch geflogen. Kamen über Solinka. Leute gänzlich erschöpft, ging aber doch noch.
Kamen nach Ungarn herüber. Stimmung gedrückt. Fand einen Dachboden für die Abteilung. Wusch mich im Bach, auch die Füsse. Vor mir auf dem entfalteten Zeltblatt eine Menge kleiner Zwieback. Jetzt kommt das Verteilen. Hier im Dorfe spricht eine Frau ungarisch.

1915 **Április 4.** Sonntag

Ostersonntag. In Szedreske. Kamen noch gestern abend hierher, zu unserem Regiment. Wurde zu MGA 4 eingeteilt als Vormeister, der andere ist Malaczkó. Haben Gewehre gereinigt. Sehr, sehr schönes Wetter, wirkliche Ostern. Nirgends mehr Schnee, alles grün, die knospenden Wälder rot, von der Bevölkerung hört man hie und da ungarisch. Unsere Flieger über uns. Alles isst Konserven. Gestern hat, der sie hat tragen wollen, jeder 8 Konserven bekommen, viel Kaffee, zwei grosse Säcke voll kleinen Zwieback. Ein Major frägt Kezán: wieviel Munition hast du? 8000 Patronen und 4 Gewehre. „Wenn du mit jeder Kugel 5 Russen triffst, dann ist´s gut.“

1915 **Április 5.** Montag

Im Laufgraben; wenn Kugeln pfeifen, ducken wir uns plötzlich. Schrapnell 100 Schritte rechts.
Brachen gestern Mittag von Szedreske auf, mühsamer Weg hierher. Gegenüber auf den Gebirgskämmen die Russen, man sagt stark. 2 Divisionen. Hier 4 Maschinengewehre, ich am rechten äusseren. Gruben Deckung nur einen Graben im steinigen Grund, verdeckt uns nur halb, mehr als nichts. Im Graben Schneewasser, legen ihn mit grossen Steinen aus, stehen und sitzen auf diesen. Russen lassen sich am Bergeshange schwarmweise herunter. Schiessen hin, weit, man sagt Hindenburg ist hier und wir gehen zurück um die Russen einzukreisen. Dann ist es gut.
Kuczkós Beförderung zum Feldwebel ist veröffentlicht worden als ich beim LJR war. Kovács und Tschürtz marode.-
Vor mir sieht das Gewehr starr hinaus, sein schwarzer, komplizierter Körper sieht aus als zum Sprung bereit. Das Korn wie der Kamm eines Drachen, der Dicke Wasserzylinder unheimlich. An der Seite floss Öl heraus. Der Aufsatz bäumt sich auf, steht jetzt am höchsten, 24. An der linken Seite hängt die Gurte leer heraus, rechts schlängelt sie sich mit Geschossen gespickt in den Verschlag, dessen Deckel aufgeklappt ist. Die Zunge sieht mit seinen zwei Schrauben wie ein Eulenkopf aus. Der linke Griff hat die Holzhülse verloren. Das Gestell streckt sich auf den Boden flach hin. Ein Druck, und das Rohr spuckt die Geschosse heraus, die Gurte kriecht von rechts nach links durch das Gewehr, links

spritzen die gelben Hülsen, warm, klirrend an die Wand. Das Gewehr rüttelt und zittert, etwas Dampf zeigt sich, Russen werfen sich nieder. Halt. MG System Schwarzlose.

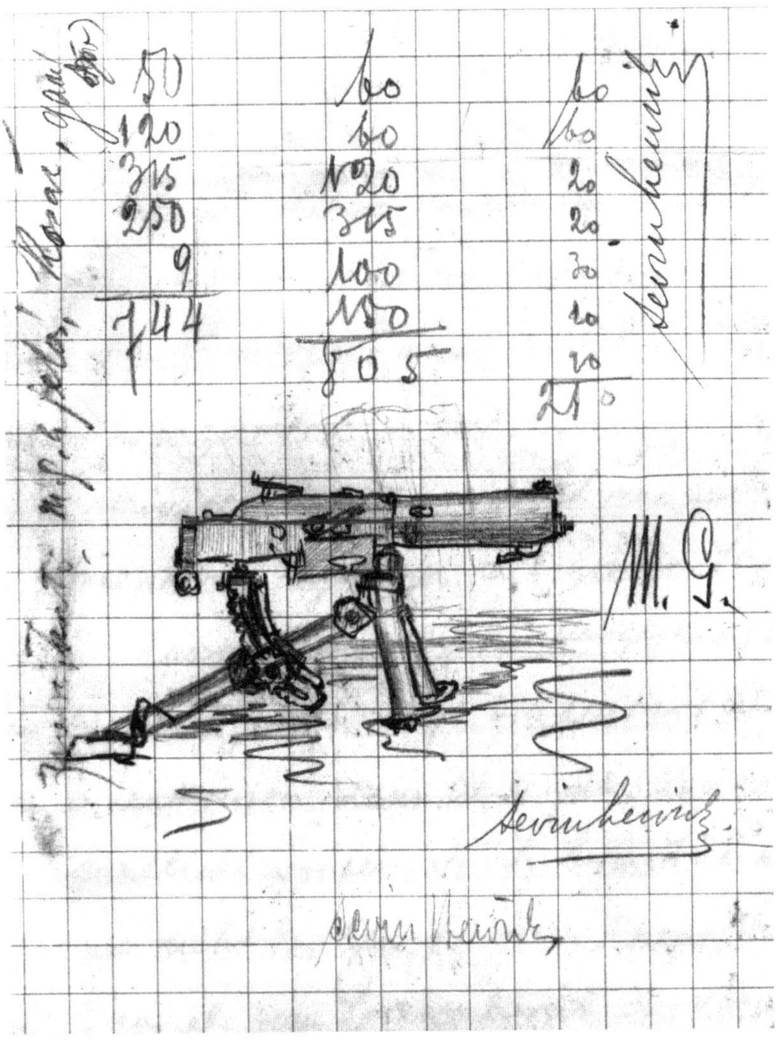

1915 **Április 6.** Dienstag

Schöne Ostern gestern! Von Nachmittag 3 bis 5 ohne Unterlass beschoss uns die Artillerie. Sie muss die Maschinengewehre entdeckt haben, denn nur wir waren unter Feuer. In sehr grosser Bedrängnis. Schrapnelle in unmittelbarer Nähe, armer Badár musste sein Leben lassen. Er ging um etwas Schnee hinaus um Kaffee zu kochen, als ihn ein Schrapnell-Schuss tödlich verwundete. Er lebte noch als Kollar und Dobes ihn in den Graben zogen. „Küsse mich Kamerad, ich muss ja doch sterben" war sein letztes Wort. Gleich darauf wurde er so eigentümlich gelb, wie alle Gefallenen. Er ist jetzt begraben.

Die später gekommenen Granaten fielen verflucht nahe herunter. Ich war mit Erde und Schlamm verschüttet, ein Verschlag flog gegen mich und ein Sack mit Konserven fiel auf mich. Einem meiner Leute fiel ein umgefallener Baum auf den Rücken, er stöhnt noch immer, Schnee spritzte uns ins Gesicht, ja: Ostermontag. Kein Feuer machen, schliefen im Freien, gut. Heute wunderschön, sitze draussen, Dummheit, andere in der Deckung, fürchten sich vor Granaten. Spielen 21. Russen heute verdächtig ruhig. Kommt etwas?

1915 **Április 7.** Mittwoch

Gestern nachmittag lobten wir gerade die Russen, als es wieder losging. Wir blieben beinahe hier. Doch es war nicht so wild wie gestern.

Abends rief mich Kezan in seine Deckung und teilte mir mit, dass er mich zur Dekorierung empfahl. Freue mich besser als eine Beförderung. Nachts Ruhe, schöpften das Wasser aus dem Graben. Auf das Kreuz Badárs zeichnete ich auf Wunsch der Mannschaft die ungarische Krone. Fing heute sehr bunt an, heftiges Artilleriefeuer, Tod nahe. Am gegenüberliegenden Hang kommen Russen herunter, wir schiessen. Sehen klar die Russen fallen, sie werfen sich nicht nieder, sie haben unsere Kugeln bekommen. Trotz allem schleichen sie nun bereits auf unseren Berg herauf, sind schon 300 Schritte von uns, kamen allerdings in gedecktem Gelände. Wir schiessen viel, richten augenscheinlich viel Schaden an. Wenn nur Öl genug da wäre, schickte schon gestern einen Mann herunter, noch nicht da, was ich dem für eine mächtige Ohrfeige herunterhaue. Jetzt fangen Russen an, garstiger Kugelhagel, jetzt schiessen sie, wir schweigen, können uns nicht treffen, jetzt wir auch sie nicht, sie sind nicht genügend vorgekommen.

1915 **Április 8.** Donnerstag

Gestern schrecklicher massenhafter Verlust. Einer unserer Leute, der nicht lange kam, ist gefallen. Tajti, Koller und noch ein neuer Mann ist verwundet, auch Kuczkó hat eine leichte Wunde, gingen zurück. Kovács ist wieder hier.
Ein Russe kam nachts zum Drahtverhau, die 71-er schossen ihn an, er liess seinen Rucksack zurück und ging zu den seinen. Einer unserer Leute ging hellen Tags vor die Stellung und holte den Rucksack, Kleider und Zucker darin, ass auch davon. Schossen gestern auch einen Hasen, der zwischen die Fronten lief. Zeltblatt auf der Deckung, da es den ganzen Tag regnet. Stimmung schlecht.

1915 **Április 10.** Samstag

Gestern nichts geschrieben. Regen den ganzen Tag. Die Russen schrien nach ihrer Gewohnheit aus ihren Deckungen Hurra, wollten uns wahrscheinlich beunruhigen.
Zu meinem Ärger musste ich mit einem Gewehr und 6 Mann fort zur 1. Abteilung, wo Oberleutnant Backó Kommandant ist. Kuczkó sagt, dass mich auch der Landwehroberst zur Dekorierung eingereicht hat, wenn‘s wahr ist, bekomme ich dann zwei. Wir kamen nachts nach langem Umherirren in unsere Stellung, tagsüber

zogen wir uns hinter den Berg zurück, da am Tage immer grosses Granatenfeuer. Arbeiten an der Deckung des Oberleutnants.

1915 **Április 13.** Dienstag

Das bittere Andenken an die jetzt vergangenen Tage lebt in uns. Machten Sonntag eine gute schrapnell-sichere Deckung. Kaum war sie fertig, mussten wir sie verlassen. Vergeuden unsere Kraft auf unnützes Graben.
Oberleutnant ertappte einen schlafenden Posten, zur Strafe sollten wir Montag in der Schwarmlinie bleiben, zog dies aber zurück. Bin bei ihm so etwas wie Dienstführender. Begraben den zweiten Toten in der Nähe. Nachts gingen wir auf (Kote) 708 zu den 92-ern, waren voll Grimm. Wussten den Weg nicht, irrten hin und her, gingen im Wasser, im Bache, mitten im Wasserfluss, da es dort noch am sichersten war. Major blieb mit dem Gewehre, Jasko mit der Munition zurück. Soll hier gefährlich sein, Russen rüsten zum Angriff. Vor zwei Tagen griffen wir an, mit Teilerfolg. War eine Zeit selber draussen, dann Mannschaft des fehlenden Gewehres um zu graben, da hier nichts zu finden ist, krochen in die kleine Deckung, zogen Zeltblatt auf unseren Kopf, auf dass das Wasser nur so herunterströmte. Stellung noch immer nicht fertig, stelle Gewehr einfach unter einen Baum. Als Deckung fertig war kam Befehl die Deckung weiter vorne zu graben. Zwei Pioniere helfen diesmal. Kezán ist mir lieber als Backó. Waren noch nie so nass wie an diesen zwei Tagen, Schnee, Wind, wirklich grausam.

1915 **Április 15.** Donnerstag

Csukaháza. Am Dorfende in einer reinen Stube, Schuhe stehen im Ofen zum trocknen. Auch gestern Regen den ganzen Tag. Unlust. Dachten zuerst wir werden abgelöst, dann stellte es sich heraus, dass wir wieder eine neue Deckung machen müssen. Oberleutnant rief mich zu sich, übergab Kommando, da krank und ging

ins Dorf. Dann betraute er Feldwebel Klie mit dem Kommando. Die 20er Honvéd wurden durch die 12er abgelöst, und da diese Maschinengewehre hatten, konnten auch wir zurück. Blieben einen Tag in der Reservedeckung und morgens herunter, nicht am Wege, da heftig geschossen wurde, sondern am Abhang. Grosser Kot. Hier hörten wir, dass das ganze Regiment umgangen und gefangen worden war. Wenn das wahr ist. Arme 32-er!
Tót brachte aus Szinna allerhand Esswaren. Oberleutnant überliess mir seine Menage, gute Knochenmark-Suppe und fettes Hühnerpaprikás. Wurde gleich unwohl, mir scheint an so was bin ich nicht gewohnt. Oder hat mir das 1 Liter Milch geschadet, die er mir ebenfalls überlassen hat, und die ich natürlich gleich trank.

1915 **Április 16.** Freitag

In sehr unangenehmer Lage. Sitzen 2000 Schritt hinter der zurückgegangen Linie im Walde neben Feuer. Um uns her sausen nur so die Kugeln herum. Gestern kam der Oberleutnant und schickte uns zurück, da wir nicht ins Dorf hätten kommen sollen. Den Befehl hat Basa mißverstanden. Verfehlten den Weg, nach 4 Stunden Marsch kamen wir hier an um zu erfahren, dass die unseren sich zurückgezogen und die Russen oben sind. Kaum waren wir dort, als die Honvéd zurückliefen und riefen, menekülig „rette dich“ hörte ich zum erstenmal. Auch von meinen Leuten nahmen 4 Reissaus, mit den übrigen bin ich jetzt hier. Wartete bisher auf Befehl, wenn nichts kommt, gehe ich zurück zum Bach und schicke von dort jemanden zum Oberleutnant.

1915 **Április 17.** Samstag

Ging gestern zurück, Befehl kam zum Einrücken. Kam gestern hierher, alles glaubte schon, dass wir in Gefangenschaft geraten seien, weil wir nicht mit den anderen zugleich ankamen. Kezán ist gefangen mit der ganzen Abteilung. Schrecklich! Morgens schick-

te Kuezkó den Nemet János und Jakob um Wasser, diese zwei haben sich retten können, die übrigen sind alle verloren. Was wird es da noch geben?
Bekam gestern 1 heute 3 Pakete. Schliefen gut auf einem Dachboden auf Stroh. Habe gute deutsche Schuhe, die ich mir für meine eintauschte. Draufgabe 10 Dames Zigaretten. Abends auch Rum, Thee, Székler gulyás.
Rüsten jetzt nach Almádi. Man sagt die Regimentsmusik sei schon in Budapest, die Fahne sei auch schon abgeliefert worden. Was soll es da noch geben. Auch tuschelt man heraus, das Regiment bestehe aus 18 Mann und 25 Offizieren.

1915 **Ápril 18.** Sonntag

Also Almádi. Marschierten gestern tatsächlich ab, in großem Kot hierher. Vorher schrie mich noch der Oberleutnant an, weil ich den armen Kis nicht hatte für 3 Stunden ausbinden wollen, sondern von ihm die Zurückziehung der Strafe erbat. Dann ernannte er zum Kommandanten Stellvertreter einen Kadett-Aspiranten, der kaum gehen kann. So werde ich langsam in den Hintergrund geschoben, gerade dann als ich dort, wo man mich schon kannte, eben hätte etwas werden können.
Sind hier beim Dorf auf einem Hügel, gingen auch gestern nicht hinein. MGA ist aufgelöst, Pferde, Requisiten und Mannschaft wurde unter 1. und 3. aufgeteilt.
Heute ganzes Kukuruz-Brot.

1915 **Ápril 19.** Montag

Wunderbarer Tag. Alles faulenzt und sonnt sich. Seit gestern haben wir eigene Küche, sehr gut. Bohnen gestern, heute Schokolade-Reis außer der gewöhnlichen Kost.
Ganze Nacht Gewehrfeuer oben am Berg. Russen kamen nicht vorwärts.

1915 **Április 20.** Dienstag

Gestern gegen Cholera geimpft. Schönes Wetter auch heute. Gegen 9 Uhr Aviso: Marschbereit. Packten auf und marschierten ab. Rasten jetzt in der Nähe von Vendégi, an einer Berglehne. Kote 788 ist von hier zu sehen. Gehen vermutlich nach Cirokasfaln. Himmel dunkelblau, weiße Wolken. Von weitem ein Gewehrschuss hie und da.

1915 **Április 21.** Mittwoch

Gestern über Vendégi, Csukaháza, Jukos und Kedreske nachts um 11 hierher, Cirokasfaln. Waren so müde, dass wir uns gerade noch schleppten. Schliefen hier in einem Zimmer, ich auf der Ofenbank. Jetzt ist der Oberleutnant drin, wir im Hof, schönes Wetter. Niemand weiß, was aus uns wird.

1915 **Április 22.** Donnerstag

Donnerstag, Dara, auf dem Hügel, im Sonnenschein. Gestern nach gutem Abendmahl schliefen wir auf dem Heuboden. Da wenig Stroh da war, zogen wir es aus dem Strohdach heraus. Morgens 9 hierher, in das Nachbardorf, nur ¼ Stunde weit. Traf Hackstock, ist 69-er. Packten hier ab. Vielleicht kommt Marschbataillon.

1915 **Április 23.** Freitag

Schlief kaum etwas in der Nacht, da es mich überall juckte. Nicht die Läuse, ich glaube die Unreinlichkeit. Sehr schönes Wetter. Bekamen sogar gebratenes Fleisch, zwar nur Rindfleisch und es war eben nicht sehr schmackhaft, aber gefreut haben wir uns doch.

1915 **Április 24.** Samstag

Vormittag. Nichts los. Wetter unveränderlich schön. Sprach mit Kadetten über Krieg und Frieden, schläft jetzt.

Bin beim Zelt, Munition wird geputzt. Blätter an den Bäumen schon entfaltet.

1915 **Április 25.** Sonntag

Sonntag. Noch immer in Dara. Dieses Ausruhen ist mir schon geradezu unheimlich. Schon 9 Tage hinter der Front. Geschah wieder nichts. Gewehre und Munition geputzt, hörten ganzen Tag dem Artilleriefeuer zu.
Heute Sonntag, die 12. Kompanie hatte Probe-Alarm, unser Herz krampfte zusammen als wir sie sahen, die Paar Leute. Der Sonntag war immer ein Unglückstag für die 32-er; doch fiel nichts vor. Oberleutnant krank, sah den ganzen Tag nicht her zu uns. Natürlich wenn er weggeht ist der Kadettaspirant der Kommandant und ich kann wieder Vormeister bleiben. Wenn ich nur meine Auszeichnung schon hätte, um das andere kümmere ich mich nicht.

1915 **Április 26.** Montag

Gestern bekam jeder zwei Orangen. András im Felde. Sonst nichts. Bekam Liebesgabe, beigelegt waren deutsche Weihnachtslieder.

1915 **Április 27.** Dienstag

Regnete etwas, wieder schön. Ein Feldwebel will mir von meiner Löhnung nicht mehr als 360 Kronen herausgeben, da ich nicht wirklicher, sondern nur Titular-Zugsführer bin. Oberleutnant kam endlich herauf zu uns.

1915 **Április 29.** Donnerstag

Donnerstag. Heute 6 Monate im Felde.
Gestern kamen wir heraus in die Stellung. Mühsamer Weg herauf. Deckung gut, Gewehr eingestellt, gerade vorher wurde ein

Zugsführer angeschossen, der draußen arbeitete. Sehr starker Drahtverhau, Bombenwerfer, Benzol-Pumpe (Flammenwerfer?); Erd-Torpedo. Stellung scheint uneinnehmbar zu sein. Russen auf dem Hügel, sehen sie vom Walde nicht. Gerade jetzt zum drittenmale Generalmarsch; von unseren Leuten ging ein Oberst und andere Offiziere mit weißer Fahne vor die Front, von den Russen kamen auch einige. Schüttelten die Hand und beratschlagten wahrscheinlich darüber wie man die vielen Toten zwischen der Front begraben könnte. Man sagt von uns liegen 300, von den Russen noch mehr. Gestern abend wieder Generalmarsch, durch Verwechslung fing die ganze Front zu schießen an.
Amtros, Gefreiter, Jakob Korporal, ich blieb. Sehe schon, bin hier als 83-er ein Fremder. Nicht viel Lust mehr. Wenn ich dies nur nicht mehr schreiben bräuchte.

1915 **Április 30.** Freitag

Gestern abend wurden 48-er durch 44-er abgelöst. Auf einmal bemerkten die Russen etwas und ein Schnellfeuer setzte ein, das die ganze Front aufscheuchte; alles krachte wild durcheinander. Niemand dachte im ersten Augenblick daran, dass unsere Feldwache, unsere Horchposten draußen vor uns liegen. Von den Armen ist einer gefallen, 3 verwundet worden. Dauerte eine Viertelstunde, ich stand beim Gewehr und gab nur 8 Schüsse um das Gewehr auszuprobieren. Ein erschrockener Kadett kam immerfort zu mir und fragte: Kommen sie schon? Niemand kam. Trotzdem wurden die 22 Torpedo, die nur für die äußerste Not da waren gesprengt, doch gingen nicht alle los. Ein Minenwerfer Mörser explodierte, entsetzlicher Rauch, Feuer, Nebel, Staub, alles um nichts - als wäre das Ende der Welt da. Endlich „Feuer einstellen." Die Infanterie zerschoß die Drahtverhaue so dass ich zuletzt Ohrfeigen austeilen ging: in die Luft hinaufschiessen oder aufhören; nervöse Leute.

Schöne mondhelle Nacht, etwas kalt, morgens überall Reif. Liess durch Oberleutnant meine Quittung unterschreiben und sagte ihm durch die Blume, dass ich in die Offiziersschule zurück will, hier habe ich kein Fortkommen. Versprach mich zum Kadett-Aspiranten zu machen.

1915 **Május 1.** Samstag

Gestern Aviso: alles in die Deckungen, da der 30,5 Mörser schießen wird und der kann leicht auch in uns Schaden anrichten, auch wenn er in die feindliche Stellung trifft.
Abends dreimal General-Marsch bis die Russen endlich antworteten. Wahrscheinlich wieder des Begräbnisses wegen. Es war so, dass heute früh 4 Anfang, die Reserve hat auch schon die Gräber gegraben, angeblich für 300 Mann und hat die Tragbahren angefertigt. Die Toten sind auch von hier aus zu sehen, liegen im Walde, mit Kalk weiß überschüttet. Es wurde nichts daraus.
Die zwei Obersten spazierten wieder vor der Front. Russen-Linie ist von hier nicht zu sehen. Ein Korporal und zwei Infanteristen gingen auf den Hügel hinauf: die Russen sind oben, jenseits des Waldes. Der feige Kadett, der sämtliche Torpedos sprengte, ging prahlerisch vor die Front, da er wusste die Russen sehen ihn sowieso nicht, und brachte einige herumliegende Gewehre herein.
Artilleriefeuer morgens sehr heftig, ununterborchen gingen unsere Granaten hinüber. Wetter schön. Alles dunkelgrün. In der russischen Linie garstiger schwarzer Rauch: unsere Granaten, viele weiße Wölkchen über dem Wald: unsere Schrapnelle.

(spätere Anmerkung: dies war der erste Tag des Gorliczer-Durchbruchs)

1915 **Május 2.** Sonntag

Gestern Nacht sehr kriegerisch, doch Maschinengewehr schoss nicht. Die Sappeure machen eine Mine zu den russischen Stellungen, angeblich hat man ihnen eine Frist von 3 Monaten dazu gegeben. Herr Jesu, nicht einmal viel. Der Wald saust nur so nach jedem unserer Schrapnelle. Seit morgen schießt unsere Artillerie sehr heftig. Mit soviel Schüssen hätte man die Russen schon aus Galizien heraustreiben können. Kann mir nicht vorstellen, wie das die Russen aushalten können, oder treffen unsere nicht? Manchmal kommt der Geruch der Toten herüber.

1915 **Május 3.** Montag

Gott sei Dank fiel heute ein klein wenig Regen, wir hoffen daher von nun an wieder auf lange Zeit schönes Wetter.
Nachts gingen 20 Mann der 32-er vor um Bomben zu werfen. Russen müssen sie aber bemerkt haben, denn um Mitternacht heftiges Schießen. Kamen unversehrt zurück. 32-er Posten laufen jede 5 Minuten herein: Russen kommen; es ist recht schwer, sie wieder zurückzujagen auf ihre Posten.

1915 **Május 4.** Dienstag

Gestern abend schoss unsere Artillerie zwischen uns, worauf wir ihr telefonierten, sie möge so gut sein.
Waren nachts unter Zelt, da wir Regen fürchteten, war aber keiner. Sonne scheint.

1915 **Május 5.** Mittwoch

Nachts ruhig. Gegend wird jeden Tag schöner. Es fror, im Eimer war ½ cm dickes Eis.
Man hört, die 44-er gehen weg und 32-er kommen. Denn jetzt bin ich mit meinem Gewehr bei den 44-ern.

1915 **Május 6.** Donnerstag

Nachts Ruhe. Gestern sagt mir Klie, dass mein Regiment aus Wien nach mir fragte und es sei mir anbefohlen zu schreiben.

Heute schoss der 30 ½ Mörser annähernd pünktlich in unsere Stellung. Sitze gerade vorher im Zelt, als von rechts, von oben, vom Berg der Russen eine Kugel kommt und die Splitter der Zeltstange mir ins Gesicht spritzt, das Zelt fiel auch gleich zusammen. Schöner grüner Rasen; habe Sack mit trockenen Blättern aus dem Wald gefüllt. 44-er gingen weg, 32-er hier, immer in Schrecken. Bekam Oster-Liebesgabe aus Deutschland, schrieb gerade Dankeszeilen.

1915 **Május 7.** Freitag

Gestern rasierte ich mich, denn ich sah aus wie ein Jude.
Heute fing die russische Artillerie zu schießen an, mit zwei Kanonen, nur auf uns. In der MGA 3 Treffer, 2 Verwundete. Wetter schön. Der Herr Kadett war auch oben. Man sagt, die Russen machen einen grossen Rückzug. Neuestens schießen die Russen auf die Flieger mit Kanonen.

1915 **Május 8.** Samstag

Gestern abend durch das immerwährende Erschrecken der 32-er wieder großes Schiessen. Man hört immerfort die ängstlichen Rufe: Aufpassen! Scharf aufpassen, aufpassen auf den Drahtverhau! usw. Endlich kam auch mir das Aviso dass Hurra geschrien wird, fest geschossen wird, aber alles aus der Deckung, also Demonstration. Russen antworten nicht, man folgert daraus, dass sie gar nicht mehr da sind, dass sie sich überall zurückziehen. Patrouille bestätigt die Annahme, nur ein Russe war da, brachten ihn ein.
Morgens zogen wir hinauf auf den Berg. Schwerer Aufstieg. Da ein entsetzlich tiefer Trichter, wahrscheinlich vom 30 1/2-er. Zusammengestürzte Deckungen, hier ein schwarz-rotes Bein, vom Knie hinunter, ohne Schuh, graue Hosenfetzen, also unser Mann. Oben war es ganz schauerlich. Hier lagen die Toten beinahe aufei-

nander, unsere 48-er, die stürmen mussten als die gemeinen Tschechen davonliefen. Alle Gesichter dunkelrot, verwesend. Brechreiz vom Geruch, wie die Russen es so nahe aushielten. Einer hat im Kopf ein Loch, innen der Schädel leer. Nur die Bartfarbe war geblieben, wenn sie nicht blutig war. In den Deckungen Unordnung, man sieht: Schleuniger Rückzug: Bomben, Munition, Gewehre, Esschalen, Decken, Lampen waren hier geblieben. Überall Granatentrichter, muss heiss gewesen sein. Nahmen Stellung, gingen dann nach Zemplénoroszi, wo wir Korpsreserve sind.
Leute nackt in der Sonne.

1915 **Május 9.** Sonntag

Sonntag. Prizlin. Galizien. Rast. Gestern abend Abmarsch aus Zemplénoroszi im Eilmarsch nach Dolzyce, wie der Oberleutnant sagte. Sind aber schon über Dolzyca gegangen, in darauffolgendem Dorf. Gingen überall auf dem Kamm des Gebirges, ging uns der Atem aus, sehr anstrengend. Rast tat wohl, jetzt aber weiter, sind Vorhut - Reserve, gingen über 4 abgerissene Brücken mit Lebensgefahr. Es dunkelte, wir müssen aber wahrscheinlich weiter. Train nicht hier, Munitions-Staffel auch nicht, also keine Fassung heute.

1915 **Május 10.** Montag

Bukowiec. Gestern abend in Polanki. Weg schrecklich, Rast erst um 11 Uhr nacht. Sobald die Abteilung nur auf einen Augenblick stehen blieb, warfen wir uns auf die Erde. Alle Brücken abgebrannt, gelangen darum etwas langsam vorwärts, mussten ein paarmal über die Solinka. Einmal verirrten wir uns beinahe, unangenehmes Gefühl im Stockfinstern auf feindlichen Terrain. Endlich schliefen wir im Dorf auf blosser Erde. Oberleutnant sagt, wenn wir keinen Feind treffen, müssen 50 km gemacht werden. Wurden aber bald bei einem Paß aufgehalten, Kugeln

kommen, auch Kanonen schießen auf uns. Aviso, dass 44-er und 69-er angreifen werden.
Von Tante ein Paket, auch eine Uhr drin, diese macht mir die größte Freude. Ist mir kalt, liege hier am Bergeshang, wenn sich Ziel zeigt, schiesse ich.

1915 **Május 11.** Dienstag

Über Solina: Gestern viele Tote und Gefallene, ganz sinnlos, denn Russen gingen nachts von selbst zurück, das sollte man doch an höheren Stellen wissen. Und doch mußte das Bataillon in Angriff übergehen.
Schliefen unter freiem Himmel. Ambros war im Hause und schoss auch von dort. Mitternacht kam Bohnen-Gulýas an, schmeckte nicht. Morgens weiter. Gingen durchs nächste Dorf, nur ein Paar Häuser. Nach Bukowiec Schwarmlinie und gingen wieder herunter und rasten in Polnzyk aus. Jetzt hier über Solina. Molnár und Müller schickten wir um Milch, wollten ins Dorf, bekamen Kugeln, liefen zurück. Sind hier oben und warten, Sohlen brennen. Als wir vorher rasteten, zogen die Russen aus Solina, wahrscheinlich haben sie die San-Brücke gesprengt.

1915 **Május 12.** Mittwoch

Gestern über Solina auf den Befehl des General Felix. Die russischen Stellungen beschossen, in die die Russen einzogen. Die 3. Abteilung ist nie zu finden, wir gingen zu den 44-ern und schossen viel. Ziel gut, doch 26 weit. Jagten eine russische anrückende Kompanie auseinander. Auch der Oberleutnant schoss, natürlich lobten wir sein Schießen. Inzwischen fing das Gewehr furchtbar an zu dampfen, liefen zurück, da wir Artillerie befürchteten, denn die schoss Vormittag in unsere Nähe. Kamen dann wieder zurück. 12 Verschläge verschossen.
Dann Lager. Machten Feuer. Müller und Molár brachten aus Po-

loczyk Milch. ½ Liter 50 Heller, Eier, 20 Heller Stück. Butter unentgeltlich. Bevölkerung freut sich unser. Eierspeise.
Morgens 3 auf! Russen gingen nachts zurück. Infanterie ging zu Fuß über das Wasser. Mit Kadett Radnai auf 6 Kähnen hinüber; 20 Heller je Mann. Jetzt auf einem Hügel.

1915 **Május 13.** Donnerstag

Seit gestern abend geht ein Tatare mit uns. Lager in Ustjanowa, in einer grossen Scheune geschlafen. Munitionsstaffel auch angekommen. Tatare zeigt wie man Tee kocht, ohne Zucker, den er nur dazu beißt, ist 35 Jahre alt, hat 3 Kinder, 4 Monate im Krieg. Früh ½ 5 Alarm, weiter bis Terlo. Wohnen mit Radnai im selben Haus wie Oberst Schmidt. Möbel keine. Weg war ermüdend. Jetzt Abend, las gerade die Pesti Hirlap vom 7. Mai, schlafen sehr gut.

1915 **Május 14.** Freitag

Gestern in Terlo angekommen, nicht in Libuckowa. Abmarsch, immer zwischen Bergen, etwas Regen, nun wahrscheinlich bei Szwereczna. Warten das Marschbataillon. Gestern die erste Nacht mit Tau, bisher immer Reif. In Lasky Morowana. Hier Gott sei Dank nur mehr Hügel. Berge sind hinter uns. Komme gerade aus der Kirche, zuerst war sie leer, jemand spielte auf der Orgel, dann ging das Bataillon hinein, der Regiments-Pfarrer hielt Messe und Rede, dann wurde das Sakrament aufgestellt und die Litanei begann. Es war wirklich sehr zu Freud. Dann Hymne und Szózct.

1915 **Május 15.** Samstag

Kamen durch Sariadowice hierher nach Rakowo, wo uns die russische Artillerie erwischte. Vergass gestern zu schreiben, dass die Dachziegeldächer im Dorf von den Schrapnellen gruslich zerschossen waren.

1915 **Május 16.** Sonntag

Sonntag. Gestern wieder schlimm. Kaum waren aus Lasky Morowane herausmarschiert mussten wir über einen Fluß, ich schrieb beinahe Brücke. Wasser ging bis zu den Schenkeln, manchen, die eine bessere Furt suchten, bis zur Hüfte. Die wasserdichten Schuhe bewährten sich, denn sie ließen das Wasser den ganzen Vormittag nicht heraus, es quietschte immerfort. Als wir vor Rakowia kamen, plötzlich Artilleriefeuer. Flucht zurück ins Dorf, das andere Ende. Nun kam jemanden der Gedanke, dass man den russischen Train abschneiden könnte. Beinahe im Laufschritt durch 4-5 Dörfer auf weglosen Wegen, damit die Einkreisung gelinge. Nichts wurde daraus. Kamen ganz erschöpft in ein Dorf, durch Telefon erfuhren wir wo unser Regiment steht und mussten um zwei Dörfer zurück gehen, nach Satkowice, wo wir übernachteten.

Morgens kam Tót an, der seit einer Ewigkeit nach Homouna ging. Brachte mir Paket mit. Dann auf. Gingen nicht weit, liegen neben einem Hause, feindliche Artillerie schiesst gut. Wechselten Stellung. Eine unserer Kanonen platzte gerade. Polen sagen, russische Offiziere begründeten den Rückzug vor ihren Soldaten, dass sie uns in der Ebene leichter schlagen werden. Unsere Offiziere lassen sich mit der Mannschaft nicht ein. Hinkte den ganzen Tag am rechten Fuß. Tut sehr weh.

1915 **Május 17.** Montag

Osztrozec. Gestern kaufte der Oberleutnant, der uns die letzten zwei Tage gut herumjagte, ein Kalb, ein Gulyás wird gekocht. Müller, der immer an mich denkt, machte mir einen Braten, war mit dem Wein von zuhause ausgezeichnet. Kaum machten wir unsere Schlafplätze als es erklang: weiter. In solchen Lagen möchte ich in den ersten Augenblicken fluchen, dann aber, sobald die Rüstung auf mir ist, bin ich gleichmütig geworden und bringe

es fertig, die Mannschaft anzueifern und zu trösten. Gingen aus dem Dorfe, in welchem wir Brot mit Häcksel, auch dieser war nämlich hineingemengt, und mit Kartoffeln und Kraut gefüllte Fladen bekamen.
Der etwas schwachsinnige Korporal Jakob sollte uns in die Deckung führen, natürlich fand er nicht hin. Endlich doch. Kaum angekommen, einige schlafen schon, wieder auf. Alles muss getragen werden, da Pferde zurückgeblieben. Finster, auf einmal heftiges Feuer zwischen uns. Decken! Einige fielen in Schlaf. Kis und Ambras vergaß man zu wecken, gingen ohne sie weiter. Zu einem Dorf in einer Scheune, kaum wollen wir schlafen, als Schrapnelle sehr pünktlich, schnell hinter ein anderes Haus. Reflektor und Schrapnelle, ohne Schaden. Morgens Stellung am Dorfrand, nur mehr Infanteriefeuer, Artillerie wahrscheinlich schon zurückgezogen.

1915 **Május 18.** Dienstag

Seit 5 Uhr früh in ständiger Lebensgefahr. Jetzt 12 Uhr. Gestern abend allgemeiner Angriff avisiert. Angeblich nachts um 4. Gingen mit dem Maschinengewehr zu den 69-ern neben einem Meierhof an die Landstrasse. Russen bemerkten uns und schossen sich mit Maschinengewehr sehr gut ein, man kann den Kopf nicht hinausstrecken. Német János Lungenschuss, sah schlecht aus, als man ihn zurücktrug. Abends Stellungswechsel.
Morgens bereits Artilleriefeuer und hält auch jetzt noch an: Ungemein viel Kanonen auf beiden Seiten. Vor uns das zweite Haus in Flammen, Haubitzen-Treffer, Dorf ganz zerschossen. In der Luft ständig 5-6 Geschosse, es bleibt einem manchmal das Blut stocken. Gingen in einen Graben, werden auch dort aufgespürt. Auch das Gewehr bekommt einen Schuss. Wieder allgemeiner Angriff avisiert, sind wieder dort wo gestern. Das Haus brennt noch immer, meine Leute graben. Schreckliche Lage. Glaube

nicht, dass da vorwärts zu kommen ist. 69-er die nachts vorgingen, sehr viel Verwundete. Wetter schön, sommerhaft. Am besten wäre schon Friede.

1915 **Május 19.** Mittwoch

Von gestern auf heute keine Änderung, führte den 69-er Obersten zum Regiments-Kommando, höre heute früh, dass er in den Fuss 3 Schüsse bekommen hat. Wetter beinahe heiss.
Oberleutnant schlug mich und Klie zur Auszeichnung vor. Gestern auch Wein.

1915 **Május 20.** Donnerstag

Gestern zum drittenmale allgemeiner Angriff avisiert, wurde wieder nichts daraus. Gegen abend garstiges Artilleriefeuer auf beiden Seiten. Gingen auf die andere Seite des Hauses. Beim Gewehr stehen ausnahmsweise zwei Posten.
Kochten zwei Tauben. Bis jetzt nachmittags 3 Ruhe, liegen unter dem Baum. Angeblich haben die 44-er, 3 Bataillone, links von uns die russische Linie erobert.

1915 **Május 21.** Freitag

Hörten gestern, dass Russen angreifen werden, nachdem 69-er etwa 400 Mann verloren und auch die 44-er grosse Verluste hatten. Geschah nichts.
Gestern reichte mich der Oberleutnant zum Kadett-Aspiranten ein. Vielleicht geht es jetzt schnell, da auch der Oberst hier ist. Artillerie schwieg. In dem Dorf ist nicht mehr wie bisher Butter, Eier, Milch, Brot zu bekommen, die Leute sind arm geworden. Was sie hatten haben sie vergraben und wohnen selbst in sehr guten Deckungen. Nur Kartoffeln sind zu haben. Übliche Frage: „Was kochst du Kamerad?“ „Kartoffeln mit Wasser!“ Seit 3 Tagen keine Fassung, auch dann nur 1/3 Brot und 1 Würfel Kaffee.

Heute trüb, doch kein Regen. Übermorgen Pfingsten.

1915 **Május 22.** Samstag

Artilleriefeuer. Granate 20 Schritt von hier. Kamen gestern abend aus unserer bisherigen Stellung hierher. Marschierten halbe Nacht, um 1 Uhr in diesem Tal, schliefen hier, gingen morgens etwas weiter, blieben hier, es ist abend. Kein glücklicher Platz, Russen schießen her, unsere Artillerie ist auch hier, schießt aber nicht, wissen nicht was kommt. Man hört wieder Serbien, Rußland, 2 Wochen Rast, Przemysl und so fort.
Post kam seit dem Vorrücken keine. Wetter trübe.

1915 **Május 23.** Sonntag

Pfingstsonntag. Gerade dass ich schreiben kann. Nahm vor einer Viertelstunde das Taschenbuch heraus, wurde mir aber doch zu bunt. Die Russen schießen mit ihren Haubitzen nahe an uns heran. Warteten jede Sekunde, wann es mitten unter uns herein kracht. Schossen die ganze Reserve entlang, als hätten sie sie gesehen. Man ist hilflos, Mut nützt nichts, alles hängt davon ab, ob der russische Zielmeister den Lauf einen Zehntel nun höher oder niederer stellt. Wolkige schwarze und rötliche Rauchmassen mit herausspritzender Erde. Durch Gottes Fügung kein Schaden.
Gestern kamen zwei Pesti Hirlap (Zeitung aus Budapest), wahrscheinlich hat man nun schon zuhause das Geld bekommen, hoffentlich freuen sie sich in dieser geldarmen Zeit. Sind noch immer in Reserve. Wetter schön. In der Zeitung steht, dass Russland wackelt.

1915 **Május 24.** Montag

Krukinice. Kommen in die Schwarmlinie. Aviso: Bataillon steht um ½ 9. Gestern schickte mich Oberleutnant zu Hindy um zu fragen, warum wir zwei uns um 5 Uhr beim Obersten zu melden

haben. Hindy wollte es nicht sagen, es war wegen den Auszeichnungen. Ging mit anderen 3 hin, zwei bekamen die kleine Silberne, Sarlós die bronzene Tapferkeitsmedaille. Mir klopfte das Herz. Oberst salutiert, wir zurück, dann: „Seine Majestät verleiht für tapferes Verhalten vor dem Feinde dem Zugsführer Sevin die silberene Tapferkeitsmedaille I. Klasse". Oberleutnant Dokros steckt sie mir ein bisschen ungeschickt auf. Noch einige Worte: wir sollen uns der Auszeichnung auch förderhin wert erweisen und der Mannschaft ein Vorbild sein. Ich knüpfe daran Kolonice und das L.I.R.1 verdanke es Kezán.
Abends fort von Krukinice, schönes Städtchen, hinter einem Hügel, Kugeln kommen dicht. In Stellung um ½ 4 früh. Angriff avisiert auf der ganzen Front. Angeblich greift ganze Armee an. Grosse Vorbereitung, reichlich spät fängt Artillerie an, mit ihrer schon gewohnten greuelhaften Art zu schießen, es staubt leider das Ackerfeld, die russische Stellung wird nicht getroffen. Kompanie hinaus! Rechts und links kleine Wälder, alles läuft dorthin, Russen bemerken es und schiessen heftig. Schon hört man „Sanitäts" rufen. Warum nicht nachts gestürmt und nicht ohne vorherige gründliche Artillerie Vorbereitung? Es entbrennt in einem der Zorn, wie bei Manilowa, gerade so blöd. Meldungen. Angriff stockt. 301. Honvéds kommen in den Graben zur Verstärkung. Haben 17 Verschläge Munition und schiessen nicht. Das Marschbataillon kann kommen! Haubitze trifft nahe zu uns, Erde regnet auf unser Gesicht.

1915 **Május 25.** Dienstag

Ich schreibe es nieder, damit ich es nicht vergesse zu sagen, wenn jemand zuhause unsere Artillerie loben sollte: gerade jetzt schoss sie eine Kartätsche aus und hätte uns beinahe, wie schon so oft, zu Fetzen zerrissen. Heute wieder keine Fassung, man sagt, die ganze 4. Armee hungert, aber der Angriff soll gelingen. Gestern abend kamen die Leute vom Walde zurück. Angeblich fehlen 150. Der Gendarmerie Feldwebel, der arme ist auch tot, gerade jetzt trug man ihn in einem Zeltblatt vorbei! Keine Post.

1915 **Május 26.** Mittwoch

Sanitätsleute begraben die Gefallenen. Nehmen die Konserven aus dem Rucksack zu sich und fabrizieren solche Grabinschriften: „3 Mann, JR 32". Also das ist doch eine Schande.
Abends wollten die Honvéds angreifen, da auch die Deutschen links vorrücken. Ich schoss auch, um sie zu unterstützten, kam aber dabei nichts heraus.
Lese im Pesti Hirlap Eintritt Italiens in den Krieg. Also dazu fehlt ein passender Ausdruck! Heute zwei russische Flieger, werfen etwas blinkendes herab, vielleicht eine Büchse, fällt langsam, aber weit von uns.
Heute Fassung, 3 Brote für unsere ganze Mannschaft. Auch Kartoffeln sind im Dorfe schon ausgegangen.

1915 **Május 27.** Donnerstag

Nichts neues. Ein Zigeuner hat von irgendwo eine Geige bekommen und geigt. Auch ich zupfte die Barkarole und den Tanz Carmens, - eigentümlich, die Finger wollen nicht gehorchen.
Heute Mittagmahl. Brot und Zigaretten, also ist es nicht wahr, dass unser Train schon in Rußland sei und wir nachgehen werden. Angeblich ist das neue Marschbataillon da und unser Gewehr soll dorthin eingeteilt sein, in das 4-te. Man hört auch, dass 6-er an unsere Stelle kommen.

1915 **Május 28.** Freitag

6-er lösten uns ab. Fragte im Finstern, ob ein Csúroger dabei sei! Nur einer meldete sich. Kamen um 10 Uhr abends aus der Stellung nach Satkowice, in einen Meierhof, wo wir schon waren, als wir den russischen Train fangen gingen. Um 2 Uhr kamen wir raus. Schlief draußen. 5 Uhr auf. Marschbataillon kam an. Sind weit hinter der Front, haben sogar die 30 ½-er Mörser vor uns. Regnete beinahe den ganzen Tag. Schreibe jetzt unter Zelt. Bekamen neue Leute, bei meinem Gewehr sind nur mehr 3 alte Leute: Wawrik, Lovces und Jakob, es kamen dazu zwei Gefreite und ein Infanterist.

1915 **Május 29.** Samstag

7 Monate im Feld, Schwamm darüber. Gestern abend entschloß sich der Oberleutnant und heute früh machte er es zur Wahrheit: meldete sich krank und ging zurück nach Pest. Verabschiedete sich gar nicht von mir, sondern schickte nachts ein deutsches Liederbuch.

Sammelte russische Essgeschirre und Beilpicken. Sehe wieder, wie viele Reserve Leutnants als Oberleutnants herausgekommen sind. Kein Wort darüber. Schliesslich ist doch Klie der Kommandant. Habe auch davon genug. Zum 4. Bataillon eingeteilt, wo der unausstehliche Franz Kommandant ist. Auch das noch. Radnai wurde zur 13. Komp. versetzt. Der arme ist 30jährig und wird nicht befördert, während grüne Kerle ihre Ernennung zum Fähnrich erwarten. Auch davon genug. Was mit meiner Beförderung wird, weiss Gott. Oberleutnant sagte, hat mich für Große Silberne eingereicht, da ich jetzt eine schon habe, wird es auch die Kleine tun, ist auch mehr wie nichts. Willigte ein.

68-er, 44-er und bh3 (3. Rgmt. Bosniaken) in der Nachbarschaft. Gehen vielleicht nach Italien. Reise wäre nicht schlecht, doch die Berge!

1915 **Május 30.** Sonntag

Sonntag. Gestern endlich ein halbes Brot. Morgen Feldmesse. Der Altar wurde schon um 7 Uhr aufgebaut, an den beiden Seiten

hohe Stämme, quer darauf andere, mit grünem Buschwerk bedeckt, Altar selbst ein einfacher Tisch mit Kruzifix und Bild Marias. War sehr schön. Der junge Pater verrichtete seine Sache in Stille, zwischen ein Paar „Habt Acht“, „Kniet nieder“ und „Zum Gebet“, erweckte keine Stimmung, da er einerseits zu jung war, andererseits ohne Wärme sprach. In der Predigt erwähnte er das Vorgehen Italiens und forderte zum Kampf auf.
Oberleutnant Brazsác geht inzwischen mit seinem Photoapparat herum und sucht gute Stellung, endlich knipst er. Dann spricht der schmatzende Franz auf deutsch, prahlerisch und mit Überhebung. 3 Mann werden vor dem Altar ausgezeichnet; Radnai sagte, schade, dass ich nicht eine Woche gewartet habe, jetzt wäre ich auch darunter.
Schreibe mit Unlust. Kerzcek prüfte die Gewehre, alles in Ordnung. Vormittag schreckliche Detonation, ein 30 ½-er Mörser soll explodiert sein, d.h. das Geschoß, als es das Rohr verließ. Auch von unseren neuen Leuten einer am Schenkel leicht verwundet. Vorós von der MGA III. ging nach Tuska um 2 Gewehre.
Wetter prachtvoll.

1915 **Május 31.** Montag

Mai, Leb wohl! Nichts vorgefallen. Doch! Die Kadettaspiranten wurden zu Kadetten befördert. Es gibt unter ihnen solche, die erst drei Tage im Feld sind und noch nicht Soldaten waren, als ich als Zugführer schon im Felde war. Ich wurde nicht befördert. Der Oberst fragte mich, ob ich Offiziersschule habe, die Antwort wird zu meiner Beförderung nicht beigetragen haben. Ich habe den Gedanken vielleicht Kerczek anzugeben, aber er hat mich nicht gern, was ich ihm auch nicht verüble, denn ich gemahne ihn mit meinem braunen Aufschlag an die Zeit, als er seine Maschinengewehre ebenso verlor, wie wir 83-er.
Unangenehmer Wind. Abends zur Überraschung 2 Granaten

und ein hoch explodierender Schrapnell gar nicht weit von uns. Gehen in Korps-Reserve. Kerczek wollte in Sambar für uns Pferde kaufen, 600 Kronen fand er teuer.
Fassung gut, Empfehlung nicht alles zu essen, sondern reservieren. Wintermantel verschenkt, von Radnai einen Kamelhaar-Unterrock bekommen, sehr gut. Schreibe unter freiem Himmel. Zelt schon abgebrochen. Bin neugierig, was aus alledem wird. Post keine.

1915 **Június 1.** Dienstag

Heute nacht oder morgen allgemeiner Angriff. Wenn er nur gelänge! Gingen gestern nur 10 km, sind jetzt in Rajtarowice in einem sehr dichten, jungen Wald. Sonnenstrahlen dringen nicht durch. Aus dem Wald darf niemand heraus, da uns sonst die russischen Flieger bemerken. Bekamen Anhaltspunkte dafür, wie man feindliche Flieger abschießt. Kamen morgens 3 Uhr hier an, war schon ganz hell. Löhnung wurde gezahlt. Radnai war gerade hier, seine Kompanie wird beim Angriff führen. Wenn der Stoss gelingt, sagt er, sind wir bald in Rußland, denn zwei Armeen werden frei. Kató brachte gestern abend aus Sambor Honigkuchen, bisschen schimmelig, aber noch zum essen. Gingen zu Radnai und aßen alles auf. Wie auf dem Grunde eines grauen Meeres.

1915 **Június 2.** Mittwoch

Gestern nacht ½ 12 Abmarsch aus dem Walde, hierher, wo wir um 2 Uhr ankamen; als Brigade-Reserve in unmittelbarer Nähe der Stellung, von dem Platze, wo wir bereits waren, etwas links. Gegen morgen sehr starkes Artilleriefeuer und Gewehrfeuer. Bh3 ist voraus. Man erzählt von vielen Verwundeten; man mußte zurückkommen, da der Durchbruch nicht gelang. Dachte ich mir's doch. Regen fing an zu tröpfeln, jetzt Himmel wieder klar. Nachmittag 5 Uhr.

1915 **Június 3.** Donnerstag

Nachts ½ 12 Aviso: Aufnehmen, auf Befehl warten. In ¾ Stunden begann es zu Dämmern, also konnten wir nicht mehr weg, legten Rüstung ab. Gleich nach Frühstück höllisches Artilleriefeuer, hauptsächlich von unserer Seite. Lege dem gar keine Wichtigkeit zu. Unsere Artillerie: ein bitteres Lächeln und eine Handbewegung. Es wird wieder eine Menge Munition verschwendet. Hauptsache dass es pumpert. Jetzt 5 Uhr und noch immer geht es so fort. Gegen Mittag Aviso, dass Przemysl wieder genommen ist. Waren gar nicht in der Schwarmlinie und werden schon wieder abgelöst. Kerczek ließ seinen Diener nicht fort, der für die Offiziers-Menage einkaufen wollte, er sagte „unterwegs" wird er das schon besorgen können. Was bedeutet das? Eine schwere russische Granaten in der Nähe, keine Aufregung.
Machten wieder den ganzen Tag nichts. Liegen und schlafen, das ist alles.

1915 **Június 5.** Samstag

Samstag. Gestern Geburtstag gehabt, kam nicht zum schreiben. Am 3. abends schaute ich mir zwei schöne Gräber an, die die Honved's gemacht hatten; rund herum Schrapnell-Hülsen, auch das Kreuz in der Mitte ist daraus zusammengestellt. Sah die armen Sappeure, die das Ekrasit auf langen Stangen trugen, sollten damit heute Nacht die russischen Drahthindernisse sprengen. Auch heute nacht waren welche mit Scheren draußen, kam niemand zurück. Nachts Sprengung, langes Hurra, Russen still. Was los? Waren schon fort.
Um 3 Uhr nachts wach! Wetter schön. Nachmittag 3 Regen.
Angriff! Kaum waren wir auf der Höhe kommt der Schrapnell-Hagel. Nicht weit von mir ein Gefreiter in der Deckung Tod, ein anderer verwundet. Einem Einjährigen brach die Hand im Gelenk, heute früh ging Aviso durch den Graben, dass auch er

gestorben sei. Dazu der strömende Regen, hatte auch sein Gutes, Artillerie sah uns nicht mehr.
Gingen mit der 14. Kompanie vor. Jeder wollte befehlen: Hauptmann Cseh, Orlowsky, Oberleutnant äußerte sich befremdend über sie. Vor mir die Russen auf 600. Wir graben und graben im Wolkenbruch, holen grosse Tür aus dem nahen Jägerhaus als Dach. Wurden naß bis auf die nackte Haut. Nachts Gewehrfeuer, Aviso, dass die Flanke der 13ten eingedrückt ist, ach was, wir bekommen die Kugeln auch von drei Seiten. Das Schutzschild hat 3 Treffer, mein 2-er, Jakob hat durch seinen Mantel einen Schuss bekommen, er selbst war nicht drinnen. Einige Russen nehmen immer uns aufs Korn.
Viele Käfer und Ameisen in der Deckung, spazieren über unsere Gesichter.

1915 **Június 6.** Sonntag

Sonntag. Gestern schoss unsere Artillerie so heftig, dass der Himmel ständig voll war mit den kleinen weißen Schrapnell-Wölkchen. Glaube kaum, dass sie Schaden anrichten, war wahrscheinlich Feuerwerk. Russen schiessen wenig, aber das hat Sinn. In unserer Nähe, Jagdhaus, zerschießen es ganz, zwei Volltreffer fing doch kein Feuer, obwohl Strohdach. Die Erde regnet nur so auf uns, stehen nach jedem Schuss auf und schütteln uns ab. Unsere Deckung ist tief gegen Schrapnelle „todsicher“, aber Granaten, das ist etwas anderes. Eine schlug ganz bei uns in den Rand des Grabens ein, riß einem Zugführer den Rucksack ab, ihm geschah nichts. Vertieften unsere Deckung um einen Spatenstich, der Feldwebel, elender Anblick, läuft hin und her, je nach dem wo eine Granate platzt, d.h. dorthin wo gerade keine platzt. Feigling.
Abends geräuchertes Schweinefleisch, Bohnen, Reis. Dann großes Infanteriefeuer und kurz ein Hurra. Unser Oberleutnant, der jetzt zum erstenmale ins Feld kam erklärte hierauf, die Russen

seien weg. Alarmierte seine Kompanie und ging vor mit Drahtscheren. Eine halbe Stunde geschieht nichts, dann arges Feuer. Niemand weiss, wie die Sache ausgegangen war. Nirgends ein Offizier, habe das schon oft erlebt, wir bleiben. Bataillonskommandant Cseh nirgends, der dicke Franz irgendwo hinten. Raketen. Endlich in der Früh sehen wir, dass die stürmende Kompanie etwa 30 Schritte vorgegangen ist und sich dann eingegraben hat. Sie können nicht einmal zurück, denn wir sind oben am Hügel und sie auf der Lehne.
Seit etwa 10 Tagen höre schlecht auf linkem Ohr, soll ich nicht die Gelegenheit wahrnehmen und zur Marodenvisite gehen? Vor uns Dorf Bukowice. Kirche zerschossen.

1915 **Június 7.** Montag

Arme 32-er! Gestern war wieder ihr Tag. Sonntag. Die 14. Kompanie blieb allein draußen vor dem Draht auf 100 Schritte, man vergaß sie zurückzubefehlen. Die anderen bekamen vor den Nasen der Russen den Befehl „Rechtsum" und kamen zurück. Die MGA 3 schoss in unsere Leute hinein. Hätte nicht geglaubt, dass die Russen uns so nahe heranlassen werden. Tagsüber konnten sich die Drausgebliebenen nicht rühren. Maschinengewehr schoss sich auf sie ein; der Oberleutnant, der so tapfer war, als er zum Drahtschneiden hinausging, kam zurück und ließ seiner Kompanie sagen, dass sie abends zurückkommen solle. Als abends zwei Mann hereinkamen um zu fragen, ob sie schon kommen könnten, setzte starkes Artilleriefeuer auf die Drausgebliebenen ein. Und dann wie wir später hörten, kam das schreckliche: Die Russen kamen vor und stießen den vor dem Artilleriefeuer sich deckenden Leuten ihre Bajonette in den Rücken hinein. Auch der sich ergeben wollte, wurde erstochen. Fähnrich Ihász war gefallen, einem Kadetten riss eine Granate beide Arme ab.
Jetzt ist der Rest hier neben uns im Graben. Den Bataillonskom-

mandanten Cseh sahen wir noch nicht, ist auch schon nachhause gegangen. Irrtum! Vor dem Angriff ging auch der Oberleutnant mit dem elastischen Schritt mit angeblichem Typhus zurück. Nächstens werde ich mich mit Rheuma krank melden, nur die zweite Medaille sollte ich bekommen, werde lügen, wie andere. Klie ist krank, geht aber auch nicht auf Marodenvisit.
Im Granatenfeuer ließ mich rasieren. Fühle es selbst als Herausforderung.

1915 **Június 8.** Dienstag

Es reift in mir immer mehr der Gedanke, dass ich auf Marodenvisit gehe und dieses Regiment hier lasse.
Gestern kam von unserer gut informierten Leitung Aviso, dass die Russen angreifen werden. Als nichts daraus wurde, bekamen wir sogar die pünktliche Zeit angegeben ½ 4 morgens. Abends waren also vier Horchposten draußen, ich selbst führte sie auf oder vielmehr kroch mit ihnen voraus, da der Einjährige Korporal, darin noch nicht geübt war. Kaum nach einer halben Stunde kamen sie außer Atem in den Graben gestürzt: „Die Russen kommen"! Feuer! Sehen natürlich nichts; hörte traurig, wie matt das Schiessen vor sich ging. Das 4. Bataillon hatte Leute, denen man beim Laden helfen mußte. Wenn da wirklich ein Angriff kommt, sind wir verloren.
Ich gab nur Einzelschüsse, hielt die Munition für den Augenblick, wenn sich der Feind zeigt.
Später befahl der Oberleutnant Serie zu schiessen. Gut, wenn er es besser versteht. Dann Ruhe. Ich befürchtete nach unserem gestrigen Mißgeschick wirklich einen Angriff. Um 1 Uhr nachts dasselbe Spiel. Später sagte man, dass unsere Leichtverwundeten und Schwerverwundeten haben zurückkommen wollen. Wenn das wahr ist, dann haben wir sie endgültig totgeschossen.
Endlich Tag, sehr heiss. Spielte Schach mit Müller. War bei Rad-

nai; sein Gesicht so schwarz und rußig oder richtig gesagt schmutzig, dass ich ihn nicht erkannte. Von seinen 240 Mann hat er noch 60. Auch die nur darum, weil am Anfang der Vorückung Aviso kam, Direktion sei falsch, blieb mit 57 Mann zurück, sonst wäre auch er dort geblieben.
Post noch immer keine, zum Verzweifeln bei diesem Regiment.

1915 **Június 9.** Mittwoch

3. Baon löste 4-er ab. Wir blieben hier. Nach Klie kommen 4 Vormeister, da er Kerczek meldete er habe keine Vormeister, nämlich Ambrus und ich, wir sind keine ausgebildeten Vormeister. Ich habe nämlich nur 8 Monate Felddienst, aber das bedeutet natürlich nichts, lieber komme ein anderer, der noch nie Pulver gerochen hat, und von denen ich ein Paar schon gesehen habe, der Appetit ist mir auch vergangen. Aber vielleicht ist es gut so, vielleicht kann ich so in die Offiziersschule zurückgehen, dann werde ich vielleicht so viel verstehen, wie ein ausgebildeter MGA Hauptmanns-Kommandant z.B. Kerczek, der die zwei 7/12 Maschinengewehre gegen - horrible dictu - alte Gewehre umtauschen nur darum, weil bei meinem Gewehr der Holzgriff, der weggeschossen wurde, fehlte, und beiden anderen die Reserve-Bestandteile nicht dieselbe Nummer trugen wie das Gewehr selbst, obwohl die Bestandteile ja austauschbar sind.
Tagsüber ein Fesselballon zu sehen, der angeblich die Schüsse des 30 ½-er Mörser beobachtet.
Heute früh hat uns eine hinter uns aufgestellte Kanone durch Gottes Gnade nicht in Fetzen geschossen, denn das Geschoß ging noch hinter uns in die Erde und explodierte in unserem Rücken. Hoch die Artillerie, wenn ich ein Weinglas noch einmal in die Hände bekomme, trinke ich auf ihre Gesundheit oder werfe das Glas an die Wand.
Post noch immer keine.

1915 **Június 10.** Donnerstag

Gestern nachts wurden die spanischen Reiter im ganzen 5 Schritte vor unserer Nase aufgestellt. Na Servus! Natürlich ließ man die Arbeit nicht durch die Reserve, sondern durch 2 Schwärme aus unserer Nachbarschaft verrichten. Wir legten uns denn auch gar nicht nieder, aus Furcht, nicht von den Russen aufgeweckt zu werden. Die Horchposten schliefen den Schlaf der Gerechten, Wawrek hatte Mühe sie zu wecken. Sie erklärten, nicht geschlafen zu haben. Gut!

Morgens sandte uns der Feldwebel Aviso, in Reserve zurückzugehen. Kamen 500 Schritt zurück in den Wald. Kaum angekommen eine schwere Granate in unmittelbarer Nähe. Kompanie läuft auseinander, meine Leute wechseln die Gesichtsfarbe: weiss und gelb. Die anderen Schüsse gingen weiter. Maschinisten und Heizer gehen nach Hause. Wahrscheinlich auch Klie, der sogar eine Dreschmaschine hat. Alles geht nachhause, obzwar kaum herausgekommen. Und ich?

1915 **Június 11.** Freitag

Nichts besonderes. Noch im Walde. 12 Mann gingen zurück Pferde zu fassen für die neue M.G.A. Gestern kamen die neuen Gewehre an, sind aber schlechter wie unsere, tauschten einiges um und schickten sie zurück. Eles ging mit ihnen und versuchte Zucker zu kaufen.

Post keine. Schreibe dies ohne Kommentar nieder.

1915 **Június 12.** Samstag

War heute bei Fähnrich Raab mit der Quittung, er wird sie unterschreiben lassen. Dann trug ich ihm meine Angelegenheit der Beförderung vor. Major Franz hörte mich aus seiner Deckung und kam heraus. Er nahm gleich meine Partei und fragte Hauptmann Eyben, ob man mich befördern könne, oder ob ich in die

Offiziersschule muss. Radnai hat mich bei Raab erwähnt, aber ich wäre auch ohne dies zu ihm gegangen. Wenn der Major nicht hereingekommen wäre, hätte ich Raab ersucht, mich nicht zum Kadett-Aspiranten befördern zu lassen, wenn ich es bis jetzt nicht geworden bin, brauche ich es auch jetzt nicht zu werden. Ich will zurück in die Offiziersschule und wenn man mich lässt, dann werde ich schon eine Möglichkeit finden, dass ich doch zurückgehe: Ich bin 8 Monate hier, das ist Grund genug dazu. Bin neugierig was nun wird.

Man hört, wir gehen innerhalb 2 Wochen nach Rußland. Sehe Großvater mit uns Kindern unter einem Kirschbaum liegen. Es sagt: „wer weiss Kinder, ob ich euch noch sehe". Wir wurden traurig, er stand auf und ging mit uns im Garten am Ziegelofen herum. Er hat uns, András und mich die wir in Konvikt-Uniform waren, noch zweimal gesehen, dann kam der März, vor dem er sich so fürchtete, der nahm ihn mit.

Von meiner lieben Mutter kann ich gar nicht schreiben, ich könnte das in Worten nicht ausdrücken, was ich fühle.

1915 **Június 13.** Sonntag

Endlich Post, von zuhause 4 Karten, 1 Brief. Zuhause scheint man von der Medaille noch nichts zu wissen, obzwar ich jetzt schon die zweite bekomme, war im heutigen Befehl, kommt vielleicht heute abend noch heraus. Kleine Silberne. In Ordnung. Jetzt hängt alles davon ab, was Eyben antwortet, wenn er mich weder befördert noch in die Offiziersschule zurück lässt, melde ich mich krank. Bin zum Dienstführenden des aufzustellenden MG ernannt. Kommandant ist Gehrer. Kerczek sagt, wenn ich befördert werde, bin ich Kommandant. Gefällt mir wieder nicht, wenn ich gleich Kadett werden würde und nicht nur Kadett-Aspirant.

Aviso: um 7 Abmarsch, wusste gleich, dass dies unmöglich sei, bei Tag kann man nicht fort von hier. War auch so, wir bleiben.

Selten Artillerie.

1915 **Június 14.** Montag

Gestern abend kam die Auszeichnung. Auch Klie, Csontos und Müller wurden ausgezeichnet. Der Major fing an zu lärmen, als er mir die Medaille aufstecken wollte, warum ich sie mir schon im voraus aufsteckte! Raab erklärte ihm, der hat ja schon eine! „Ach so“ und lächelte.
Gegen 4 Uhr früh entwichen die Russen. Um 8 waren wir in ihren Deckungen, dann durch zwei Dörfer hier her. Lipniki, wo Rast. Tót bleibt hier mit den Pferden. Auch Heisseg ist hier, ich glaube Brigade-Kommandant. Im dichten Wald. Deckung gegraben als „Vorwärts“ ertönte. Kamen bis zum Waldes-Rand. Unsere Artillerie schiesst viel. Man sagt, Russen haben 3reihiges Drahthindernis, habe den Eindruck, dass sie weiter zurückgehen. Man hört, Lemberg ist evakuiert.

1915 **Június 15.** Dienstag

Bin Kadett-Aspirant. Das Band ist noch nicht aufgenäht.
Nachts blieben wir am Waldes-Rande. Garstiges Wetter, jede Viertelstunde fängt es an zu regnen. Schelinger und Jakob deckten die Deckung zu. Sitzen auf Reisig. Jetzt scheint die Sonne, der Wald glitzert und funkelt, die Tropfen an den Blättern glänzen wie Diamanten.
Denke oft nachhause. Wenn ich wieder einmal dort sein könnte, wäre es mein grösstes Glück.

1915 **Június 16.** Mittwoch

Gestern abend liess mich Kerczek rufen und teilte mir mit, dass ich der Kommandant der MGA 3 sein werde. Ich bekomme die fertige Abteilung. Morgen d.h. heute geht Klie die nötigen Dinge fassen, solange übernehme ich das Kommando der MGA 4 (neu-

er Name der bisherigen 1) Gut.
Abends brachte Èls Wein um meine Beförderung zu feiern. Morgens kam das witzige Aviso: die Russen seien auf Befehl des Herrn Majors zurückgegangen. Und so war es auch. Liess gleich die Feuerstaffel herankommen, damit sich die Leute nicht so abplagen wie beim Klie. Gingen durch Zwawadow, Slovnianka, wo die bosnyakischen Pioniere eine Brücke gebaut hatten, wir mussten aber durchs Wasser, Ambras legte sich auch gleich hinein. Gingen über die zweigleisige Bahnstrecke. Brücke gesprengt. Verliessen Sadowa, Wisnia, wo die Russen die Frank-Kaffee-Fabrik in Feuer gesetzt hatten, sie brennt noch jetzt. Nach Norden, durch Nowosolki, in großem Staub, ersticken beinahe darin. Lange Rast. Russen müssen sehr weit sein. Klie ist hier, Train kommt uns nach. Unterwegs ziehen die Leute alle Zwiebeln aus den Beeten, Frauen lamentieren, umsonst, mancher hat einen ganzen Büschel unter dem Arm.
Es dämmert, abend. Kercseks Redewendung: Dings da!

1915 **Június 17.** Donnerstag

13. und 16. Kompanie und wir hatten gestern einen elenden Tag. Die ganze Division war im Lager, wir Regiments-Vorposten. Wir blieben nicht auf der Raststelle, sondern gingen noch 1 Stunde weiter. Muzylonce. Unter Führung des Hptm. Cseh verirrten wir uns dann in der Nacht, aber schon sehr grob, wir alle sehen, das wir eigentlich zurückgehen. Hinter unseren Rücken brannten etwa 5 Dörfer, die nur die Russen angezündet haben können. Endlich wurde die Verirrung klar. Rast. Dann zurück, dann verloren wir endlich selbst den Hptm. Cseh, in der Finsternis. Ich weiss nicht, wer das Kommando übernahm, wir lagen aber wieder 1 Stunde in der nassen Gerste und marschierten dann bis zu einer Landstrasse. Dort „Nieder", dies sei die Stellung, Kaum lagen wir als ein Major kam und uns riet ins Dorf zurückzugehen. Gut, wir

suchten aber nicht lange nach Unterkunft, sondern legten uns in den Graben. Nach einer Minute liegen kam ein Meldereiter: hinauf auf den Hügel, dann in kleinen Märschen zu je 3/4 Stunde, dazwischen immer Rast, nach Lesniowice; jetzt sind wir, glaube ich in Moloscance. Wollten uns schon an 3 Stellen einquartieren, waren schon abgepackt, als wir wieder um ein Paar Schritte weiter mussten. Neben diesem Major nicht auszuhalten. Sagte zum Hauptmann von uns: "Aber Herr Hptm., Sie sind ja ... und machte eine Handbewegung vor der Stirne".
Seine Exzellenz auch hier. Nähte endlich den Feldwebel-Streifen auf, zwar nur an dem Porte-épée des Bajonetts, aber auch so gut. Wir gehen sehr vorsichtig vorwärts. Zwei Russen werden gerade eingebracht.

1915 **Június 18.** Freitag

Gestern abend Abmarsch über Woladabrostanska, in einen Wald, wo wir in der Nachbarschaft der 69-er übernachteten. Prächtiger schöner Wald, dicht, nur hie und da eine Lichte.
Um 3 Uhr auf: in letzter Zeit immer um 3 Uhr Tagwache. Gingen an eine andere Stelle des Waldes auf Kote 297, wo wir sogar eine Deckung graben mussten. Hier erfuhr ich von Radnai, dass man mich zur Beförderung zum Kadetten vorgeschlagen hat. Bekam auch schon Offiziers-Fassung, 10 Sultan, 10 Kirúb, 2 Zigarren. Erfuhr, dass ich in der MGA bleibe und Keßler mit der anderen geht, es kommt hierher wahrscheinlich ein Hauptmann Kirchner. Deckung war fertig, legte mich hinein, in 5 Minuten Alarm. Kamen durch den Wald (riesengroß ist dieser Wald) hierher neben ein Jagdhaus. Drinnen ist ein Brigade-Kommandant, nicht unserer. Am Waldesrand ein Oberleutnant verwundet.

1915 **Június 19.** Samstag

Nachts blieben wir hier. Schwarmlinie irgendwo in der Nähe.

Heute früh riesige Kugeln.
Aus Wien Paket mit Wäsche, Limonade, Honigkuchen, Durststillende Zuckerl, ein anderes von zuhause mit Gebäck.
Nachmittag 4 schweren Verlust gehabt gerade jetzt. Front geht vor uns nach Süden, doch kommen Schrapnelle von Osten, beunruhigend, Deckung schützt dagegen nicht. Um 4 Uhr kam eine Granate, ging über uns weg, eine zweite, eine dritte, immer näher an uns heran. Die vierte hat uns gegolten, das Schicksal hat es gewollt. Hptm. Cseh tot, ein Zugsführer tot, 6 Mann tot, 16 Verwundete; die Granate sauste mitten in uns hinein, ein entsetzliches Krachen, Splittern von Ästen, Jammerrufen, der ganze Wald schien zu tosen und - größte Demoralisation. Kompanie sprang aus der Deckung und lief auseinander. Csontos rasierte den Ambros, der lief halb eingeseift davon. Korporal Jakob vergaß die Karten wegzuwerfen und jagte mit ihnen durch den Wald. Pferdewärter mit Pferden davon, Munition dort liegen lassend.
Kann stolz sein auf mich: blieb in der Deckung und schrie die Pferdewärter zurück: weiss man denn wo man in den Tod läuft? Langsam kam alles zurück, Jammerrufe, Ärzte laufen hin und her. War der letzte Schuss. Wäre lieber weggeblieben. Alles gräbt die Deckungen tiefer, der Wald widerhallt nur von Klopfen und Axt hieben. Neben uns eine Landstrasse, wahrscheinlich wollten Russen sich dorthin einschießen, oder auf unsere Artillerie hinter uns. Wielkopolje, Gut des gewesenen Außenministers Goluchowski.

1915 **Június 20.** Sonntag

Sonntag. Zoruiska. Armee-Reserve. Gestern abend waren wir gerade fertig mit der Deckung, als wir fort mussten. Auf dem neuen Platz, im Walde, war kaum die neue Deckung gegraben, als 3 Kompanien und die MGA zurückbefohlen wurde zum Jagdhaus. Miloszerin wurde von einer Schrapnelle am Kopf verwundet. Wieder zurück, aber leider nicht in die gegrabene Deckung, son-

dern einige 100 Schritte weg davon.
Wir sind eine Kompanie-Reserve, die anderen zwei wurden vorwärts geschickt um die Schwarmlinie der Bosnjaken, der „Tschujesch“ (hörst du!) zu verdichten. Sie gingen in der Nacht, fanden die Schwarmlinie nicht, sondern stießen plötzlich auf das russische Drahthindernis. Grosser Schreck, gruben sich ein. Dort mußte leider die Hälfte der 13. Kompanie fallen, da die Russen sie bemerkt hatten. Eigentümlich, beim Angriff kommt kaum einer über die Brüstung, bemerken ihn die Russen und schiessen, beim Marsch kommt die ganze Kompanie bis an den Draht. Gewiss hat dieses ungewollte Vordringen dazu beigetragen, das die Russen noch in der Nacht zurückgingen. Jetzt sind die 32-er glücklich, sie haben den Feind verjagt. Radnai, der sein Gesicht bei jedem Schuss in die Erde vergräbt, kam schrecklich schmutzig zurück, und erzählte atemlos das Ereignis.
Morgens 3 nach Wilkopole. Hptm. Ostrowsky Kommandant der 3. Kompanie. Durch Rottenhan. Regen. Nach graben der Deckung auf! Sah hier zum ersten Male in Galizien eine deutsche Aufschrift: “Evangelische Volksschule“, daneben Kirche. Habe Freude daran. Zwei Rosenknospen bald in der Hand, bald im Mund. Über Bahnlinie Janow-Lemberg, nach Zoruiska. An einer Hügellehne. Lemberg soll unser sein.

1915 **Június 21.** Montag

Sommeranfang, längster Tag.
In der Nähe Zawadow’s, Korps-Reserve. Gestern Nacht Rufe. ½ 6 aufbrechen. Über Jasniska und Rokitno hierher. Kanonen-Musik. Viel Militär, hauptsächlich Deutsche, die man hier gut sehen kann, gehen in schöner Ordnung vorwärts. Sind gerade neben der Zolkiew-Lemberger Bahnlinie, man sagt, Russen greifen an. Zu unserer Nachbarschaft tschechische Pioniere, jeder zweite hat sogar zwei Tapferkeitsmedaillen.

Ambross ging mit Fieber auf Marodenvisit, wurde krank befunden und geht zurück in die Divisions-Anstalt. Seiner statt wird Schlosser Vormeister. Jetzt bin aber wirklich ich an der Reihe.

1915 **Június 22.** Dienstag

Legten uns gestern gerade schlafen, als wir wieder weiter mussten. Gingen durch Zawadow auf einem hübsch hohen Hügel und dann nach einem unvergeßlichen Marsch durch einen stockfinsteren Wald, in dem wir uns an den Rucksack des Vordermanns anklammern mussten um nicht zurückzubleiben und uns zu verirren, legten wir uns rechts und links des Saumweges nieder. Es war dann etwas 1 Uhr nach Mitternacht. Kamen Mittags herunter nach Zaskow bzw. Zborow, denn beide Dörfer sind zusammengebaut.

Wetter schön, nicht warm. Nachmittag 3 noch immer hier. Russen gehen angeblich zurück, das ist auch wahrscheinlich so, denn gestern abend knatterten die Gewehre, heute ist alles still.

1915 **Június 23.** Mittwoch

Gingen gestern durch Zsenda, Liecieckow und gelangten nach Podliski, wo Quartier. Auf dem Wege war kein so schrecklicher Staub, wie gestern. Schliefen in einem Hof im Freien. Morgens 8 weiter nach Zydotice, wo wir über eine Bahnlinie setzten, kamen nach Prusy, wo wir jetzt gegen 6 nachmittag sind. Aviso kam, dass es weiter geht nach Pikulowice.

1915 **Június 24.** Donnerstag

Gingen morgens durch Prusy, Zydotice und Podliski hieher, wo Rast, dann im Regen durch Wislohoki nach Remenow. Hier lauter deutsches Militär. Bei der Landstrasse, während die russischen schweren Haubitzen das Dorf beschießen. Dunkel.

Heute kam Befehl, dass Klie und Jakob zurückgehen und zwar

am 28-ten. Grosse Unlust, wenn ich sehen muss, dass dieser abscheuliche Mensch das bekommt, was nach viel viel längerer Feld-Dienstzeit mir gebührte. Entschluß: ich gehe auch auf Marodenvisit. Ging nicht in die Stellung, blieb beim brennenden Meierhof beim Munitions-Staffel.

1915 **Június 25.** Freitag

Gestern zu den Bahngeleisen, blieben dort den ganzen Tag. Ging zum Sanitäts-Kadetten und bald danach war ich bei Oberarzt Sturm. Beklagte mich wegen meinen Knien. Er nahm mich an, obwohl der Arzt Egyi sagte, ich möge mich auf keinen allzu langen Urlaub gefasst machen. Er nahm mich trotzdem an, nur mußte ich noch zum Major Traut, da ich mich als Offizier abzumelden hatte. Der Major sagte: Ich kann Sie nicht fortlassen, und wenn sie zu Grunde gehen. - Sie sind Abteilungskommandant. Er liess mich nicht fort. Auch der Oberarzt kam hin. Er liess mich nicht fort. So stehe ich jetzt. Er schickte dann jemand zur Brigade um die Herren auf ein Bier einzuladen, er hatte von irgendwo Bier bekommen.

Trafen gestern auf dem Marsch 12 Autos aus Lemberg mit einigen höheren Offizieren.

Jetzt in Stellung. Lösten die Deutschen ab. Hegte grosse Hoffnungen auf die schönen Deckungen täuschte mich noch nie im Leben so gewaltig. Es war gar nichts vorhanden, ein paar kleine Erdmulden, unzusammenhängend in Kipferlform angelegt.* Wenn hier die Russen angreifen, sind wir verloren, von hier kann man die Heranziehenden nicht sehen, weder ihre Stellungen im Auge halten.

* Bemerkung 1938: Es scheint, wir haben immerfort nur gegraben, die Deutschen aber haben ihre Kraft zum Kriegführen benutzt und nicht vergeudet.

1915 **Június 27.** Sonntag

Habe zu nichts Lust. Schrieb gestern nichts.
Gingen vorgestern vor. Gruben uns ein, dann kam Aviso: nach Rudowice. Am Nordrand des Dorfes gruben wir uns nachts ein. Morgens war die Deckung fertig, nachher in einer halben Stunde: Vorwärts. Gingen dem nach Nord gelegenen Wald zu, am Rand: eingraben. Heftiges Artilleriefeuer. Unsere und feindliche Artillerie schiesst gleich pünktlich auf uns. Von unserer wundert mich diese Pünktlichkeit. Ein Schrapnell über meinem Kopf.
Als Deckung fertig, kam Befehl: MGA zur 13. Kompanie, da dort Russen vorwärts kommen. Grossartig! Gingen hin, liefen hellen Tags den Hügel hinunter, zwei Kugeln pfiffen scharf an meinen Ohren vorbei. Der Feldwebel in seiner Not übergab mir das Kommando, Mannschaft war froh, dass sie ihn los wurde. Ich schickte Jakob auch zurück, warum soll dem Armen einen Tag vor seiner Nachhausefahrt etwas passieren. Es standen ihm Tränen in den Augen, ist ein guter Kerl.
Abends Deckung fertig. Aviso: Front falsch - fahren beinahe aus der Haut. Statt Nord-Ost ist Osten richtig. Vorwärts 400 Schritte, eingraben. Morgens um 5 sahen wir, dass die 69-er einfach vor unserer Linie gehen. Also das ist schon eine Menschenschinderei; so oft Befehl zum Eingraben zu geben und uns ganz zu Tode ermüden. Auf und weiter. Kamen in die russische Stellung, war leer. Einen Kilometer weiter, Gott sei Dank, kein Befehl zum Eingraben. Schlafen in der Sonne.

1915 **Június 28.** Montag

Gar keine Lust zum Tagebuch schreiben.
Gestern abend bemerkten, dass die russische Artillerie zurückgeht. Die 32-er, um endlich auch einen Erfolg aufzuweisen, dachten sich nun folgendes aus: da sich die Russen zurückziehen, erobern wir durch einen Scheinangriff ihre Stellungen. Es wird die MGA

und Infanterie heftig schiessen, dann Hurra aus den Deckungen - hernach geht eine Patrouille hinaus festzustellen, ob die Russen noch da sind. MGA gibt durch Serie das Zeichen zum Feuer. Aber noch vor dem Zeichen wurde es augenscheinlich, dass die Russen fort sind, Patrouille ging hinaus, fand Stellung leer, machte einen Heidenlärm, wir ebenfalls. Ein Zug der 17. Kompanie und die MGA kam zuerst in die russischen Schützengräben, nur 28 junge Russen waren drin, ergaben sich und waren froh, heil zu uns gestoßen zu sein.
Badeten nur so im San, war aber gar nicht poetisch. Vor Horpin Halt. Pferde holten uns ein, dann durch Horpin nach Tadanie an einen Waldes-Rand. Russische Artillerie schoss gerade 3-mal hinter uns.
Nachmittag 3. Meine Leute brachten Milch, Szekanina kochte Kartoffelsuppe und buk Fladen. Das Volk freundlich.
Das Marschbataillon ist wirklich da, kann sich aber nicht anschließen, da wir fortwährend vorrücken. Angeblich kommt auch ein Oberstleutnant mit, dann gelingt es mir vielleicht auf Urlaub zu gehen.

1915 **Június 30.** Mittwoch

Gestern wieder nicht geschrieben.
Gestern abend Aviso: wir werden abgelöst, war nicht so. Eine Marsch-Kompanie kam an, wurde in zwei Kompanien eingeteilt. Eine Kompanie ging gerade zurück, auch ich hatte Befehl zu einem Jagdhaus zu gehen als auf einmal riesiges Geschrei und heftiges Gewehrfeuer. „Die Kosaken sind da“! Vorgestern fingen wir 2, wir wußten also, dass sie sich in dieser Gegend aufhielten.
Grosses Rennen, packte ab und wieder Stellung am Waldesrand. Serien des MG auf den Weg. Die Ulanen, zu ihrem Lob sei es gesagt, waren sehr schneidig. Kosaken waren tatsächlich schon ganz nahe als ihnen unser Posten „Halt“ zurief. Sie hatten 2 Tote und 3

Gefangene, die anderen stieben davon. Gingen mit MG auf einen Hügel, diesen Tag sahen wir nur mehr 3 Kosaken, von sehr weit. Gestern kam Hptm. Kirchner an, sehr gute Erscheinung, feiner Mensch, habe sofort Zutrauen zu ihm, ist meinem Vater ähnlich. Er blieb gleich hier draußen bei uns, liess granat- und schrapnellsichere Deckung machen fürs Gewehr.
Leute ein Schwein gekauft, Hälfte gebraten, Fett, Krammeln, verstehens viel besser wie die Küche. Von Tadanie nördlich. Tschechen LW 25. Schufte gingen nachts durch, als sie hörten, dass Russen wieder über den Bug gekommen seien. Kirchner liess MG auf den Weg einstellen und befahl sie niederzuschießen, wenn sie zurückkommen. Vormeister trauten sich nicht zu gehorchen, wurden mit Stöcken zurückgejagt.
Beim Regiment gab es wieder Verwundete.

1915 **Július 2.** Freitag

Gestern schon wieder nicht geschrieben, bin ganz faul geworden. Fiel nichts vor.
Tót ging ins Spital, wir machten Deckung. Jede Nacht Infanteriefeuer. Bekommen auch Draht-Hindernisse, scheinbar bleiben wir länger hier. Beobachter unserer Artillerie hinter uns auf einem Baum.
Im Jagdhaus haben die Leute vier Keller entdeckt, in denen alles aus den Zimmern verschlossen war: Leder und Grünbezogene Möbel, Bettzeug, Wäsche, Herren- und Damen-Kleider, Waffen, Eßgeschirr, Bilder usw. Schöne weiße Damenschuhe, viel Korrespondenz, Tischtücher, Handtücher: sah in einen grossen Spiegel hinein, mein ganzes Gesicht sah ich schon lange nicht. Im Dachboden chemisches Laboratorium mit Säuren, Schwefel, Phosphor, Quecksilber, Thermometer usw. Soldaten tragen statt Hemden Damen-Blusen. Ein grosser brauner Hund sitzt den ganzen Tag traurig vor der Tür.

Vielleicht melde ich heute dem Hptm., dass ich morgen auf Marodenvisit gehe.

1915 **Július 3.** Samstag

Wieder 5 Tote, 15 Verwundete. Gestern nacht um 1 Uhr wüstes Hin- und Her-Rennen; Major kommt mit der Nachricht, dass das ganze 4. Baon gefangen worden ist. Hptm. ebenfalls ratlos, standen 1 Stunde lang in der Nacht. Links von uns nämlich war ein furchtbar anzuhörendes Hurra; wir wußten sofort, dass es aus der Deckung gerufen war. Hatten schon solche Demonstrationen erlebt; Franz aber folgerte daraus, dass gleich danach eine tiefe Stille, ohne Gewehrfeuer eintrat, dass man das Baon überrumpelt habe. Gegen 2 Uhr, als es schon genug hell war, schickte er eine Kompanie mit Leutnant Bauer zu Hilfe. Die kam beim hellichten Morgen in die Schwarmlinie in welcher das Baon ruhig schlief. Die Russen aber bemerkten die Verstärkung und schossen. Es fiel der Leutnant, ein Einjähriger Zugsführer der Sanität und noch drei Mann, 15 wurden verwundet. Also das ist empörend! Nachmittag sollen 69-er das 4. Baon ablösen.
Gehe erst morgen zur Marodenvisit. Gestern abend sagte Hptm. dass man die Russen, auch die sich ergeben, niederstechen müsse, denn die Kosaken haben es mit einer Feldwache der 37-er ebenso getan.

1915 **Július 6.** Dienstag

Vorgestern wurden wir tatsächlich abgelöst. Abends kamen wir aus der Linie. Auf der Deckung des Hptm. die Aufschrift: „Das beste Mittel gegen Fliegen ist: sie fangen und töten."
Eine andere Aufschrift ebendort: „Wohngenosse gesucht, kann auch Dame sein."
Hptm. war sehr guter Laune, schade, dass ich so wenig verstand, denn ich war beinahe taub. Kamen nach Dernowo, schliefen un-

ter einem Strohschober. Morgens Gottesdienst, vorher Begräbnis des Leutnants Bauer und des Einjährigen Zugsführers. War auch Musik, dann mit dem „Gotterhalte“ zum Gottesdienst. Hier kommandierte Kirchner.
Dann ging ich mit Erlaubnis des Hptms. auf Marodenvisit. Man nahm mich wieder an; dann ging es wieder zum Major d. h. der Hptm. führte mich hin, ich selbst hätte mich nicht wieder hingetraut. Er wollte mich schon wieder nicht fortlassen. „Sie sind ja unentbehrlich !“ rief er. Aber Kirchner redete ihm solange zu, bis er nachliess. Er unterschrieb den Zettel und fragte ob ich nach Budapest will. Jetzt war er freundlich. Ich solle bald zurückkommen, denn er möchte auch auf Urlaub gehen. Ich ging zur Divisions-Sanitäts-Anstalt, dort nahm man mich ebenfalls an. Beim Ausspülen des Ohres kam ein grosser Klumpen eingetrocknetes Ohrenschmalz heraus, hörte auch gleich besser, war aber immer noch dumpf. Ich solle mit meiner Rüstung kommen; anderen Tages, d. h. gestern, ging es weiter ins Feldspital. Ich verabschiedete mich von allen, war mir eigentümlich zu Mute, Kirchner machte drei Mädchen den Hof. Ist ein gerader Michl, sagte mir: „Machen Sie nicht das, was Ihnen der Major gesagt hat, sondern was ich Ihnen sage. Ich aber sage Ihnen: „Kommen Sie nicht so bald zurück. Wer 9 Monate lang hier draussen war, zweimal dekoriert ist, hat genug getan. Wenn es alle so machen, dann ist’s ch gut. Kommen Sie nicht zurück !“ Dies sagte er beinahe drohend.
Oberarzt Sturm beschenkte ich mit meinem Kompass, denn ich sah, er gefiel im sehr. Ich ging vor zwei Gehängten vorüber, es waren vermutlich Verräter aus der Bevölkerung, mit mir kam auch ein Einjähriger Sanitäts Korporal, hatte Fieber; gingen zur Division. Dort sprach ein Kadett viel gegen die Juden, brachte schwarzen Kaffee. Legten uns dann im Krankenzimmer, eigentlich Laube, schlafen. Nachts kam Fähnrich Kiràby, 69-er mit Fussverrenkung und Kadett Telkes 44-er, mit Gelbsucht hinzu.

Mittags mit dem Wagen zurück. Rüttelte uns, waren froh in der friedlichen Gegend zu fahren, für mich so ganz ungewohnt. Abends 7 in Lemberg, im Invalidenhaus. Man gaffte mich an mit meinen zwei Auszeichnungen, die ich nun ansteckte. Ein ungarischer Arzt im Tore wies uns unsere Zimmer zu. Ich kam ins Offizierszimmer, samt Fähnrich und Kadett. Schlief im Bett, ausgezogen, seitdem ich im Felde bin, zum zweitenmale. 8 Uhr auf, Zivilarzt untersucht uns. Fähnrich und ich transportfähig. Bekam von einer Pflegerin ein Tüllnetz, gegen die Fliegen.
Ging mit einem 13-er Kadetten in den Garten, sitzen auf einer Gartenbank, komisch, auf einer Gartenbank im stillen Garten.

1915 **Július 11.** Sonntag

In Kobadka, im Park. Habe lange nicht geschrieben.
Jetzt ist es schon sicher, dass ich nachhause gehe. In Lemberg noch am 6ten mit Auto auf den Bahnhof. Zusammengepfercht über Munkàes, Miskolc, nach Eger, hier ins Spital, viel schlechtere Verpflegung wie in Lemberg, kurios, in Ungarn! Dann nach Budapest (von Fuzes Abowy mit Schnellzug). Das war aber nicht mein Ziel. Meldete mich gleich beim Bahnhofskommando, und bat mich nach Neusatz zu schicken. War sofort erledigt. 5 Minuten nach Mitternacht ging mein Zug ab verspätete aber den Anschluss hier in Szabadka. So kann ich zu Mittag nicht zuhause sein, wie ich es mir gedacht habe, erst abends, auch dann nur so, wenn ich von Obecse aus zu Fuss nachhause gehe. Es ist auch so gut !

[Bis zum December 30. keine Einträge]

1915 **December 30.** Donnerstag

Donnerstag. Gestern abend in Rudnia angekommen mit 18 Sträflingen, konnten übernachten im Waggon. Freute mich hierüber mehr als über alles andere, da ich in der stockfinsteren Nacht nicht wusste wohin. Morgens nach Plaszewa zum Rgt. Bureau, wurde eingeteilt zur 10. Kompanie, da bei MGA kein Platz frei. Am selben Tag, heute, in die Stellung mit einem Wagen, bodenloser Kot, Wagen sank bis zur Mitte ein. Arnoul hier, freute sich, Sagmeister, technischer Hochschüler, ebenfalls. Keine anderen Bekannten aus der „alten" Zeit. Schlief in der Deckung des Leutnant Schmidt; auf dem Tische ein kleiner Weihnachtsbaum. Die Deckungen, wenigstens die der Offiziere sind sehr schön, nicht zu vergleichen mit den ehemaligen. Kleeblatt Baonskommandant, noch 4 Kadetten beim Rgt., Oberleutnant Udrinsky kommt auch bald, habe ihn nicht sehr gern, doch da ist nichts zu machen.

1915 **December 31.** Freitag

Das Datum verliert seine Bedeutung. Am Sonntag werd ich wahrscheinlich nicht daran denken, dass es Sonntag sei. War den ganzen Tag bei Arnoul, frischten unsere Andenken an das Konviktsleben auf. Lieber Kerl. Erregte ihr Erstaunen mit dem Kunststück der verschwundenen Krone.
Artilleriefeuer, angeblich 2 Volltreffer. Abends stiller.

1916

1916 **Január 1.** Samstag

Sylvester - Abend angenehm in der Offiziers-Menage verbracht. 8 Flaschen Torley. Sonnenschein, gleich am Anfang betrunken. Zigeuner, spielten nach Opern, wurde auch getanzt. Gestern schoss russische Artillerie nur dreimal, alle dreimal Volltreffer.

1916 Kriegsfürsorgeamt des k. u. k. Kriegsministeriums **1916**

Tag	Jänner		Februar		März		April		Mai		Juni	
1	Sa	Neujahr	Di	Ignaz M.	Mi	Albinus	Sa	Hugo	Mo	Phil. u. J.	Do	Chr. Hmf.
2	So	N. Jf., M.	Mi	Maria L.	Do	Simplic.	So	Franz	Di	Athan.	Fr	Erasmus
3	Mo	Genovev.	Do	Blas. B.	Fr	Kunig.	Mo	Richard	Mi	†-Erfind.	Sa	Klotildis
4	Di	Titus B.	Fr	Veronika	Sa	Kasim.	Di	Isidor	Do	Florian	So	Quirinus
5	Mi	Telesp.	Sa	Agatha	So	Eusebius	Mi	Vinzenz	Fr	Pius V.	Mo	Bonifaz.
6	Do	Heil. 3 K.	So	Dorothea	Mo	Friedrich	Do	Sixtus	Sa	J. v. d. Pf.	Di	Norbert
7	Fr	Valentin	Mo	Romuald	Di	Fastn., T.	Fr	Hermann	So	Stanisl.	Mi	Lukretia
8	Sa	Severin.	Di	Joh. v. M.	Mi	Aschm., J.	Sa	Dionysius	Mo	Michael	Do	Medard.
9	So	Julian	Mi	Apollonia	Do	Franzisk.	So	Maria T.	Di	Gregor N.	Fr	P. u. F.
10	Mo	Paul Ein.	Do	Schol.	Fr	40 Märt.	Mo	Ezech.	Mi	Sf. h. J.	Sa	Margar.
11	Di	Hyginus	Fr	Desider.	Sa	Herak.	Di	Leo P.	Do	Gangolph	So	Pfgsts. B.
12	Mi	Ernest.	Sa	Eulalia	So	Gregor	Mi	Julius	Fr	Pankrat.	Mo	Pfgstm. J.
13	Do	Hilarius	So	Kath. R.	Mo	Rosina	Do	Hermen.	Sa	Servat.	Di	Ant. v. P.
14	Fr	Felix	Mo	Valentin	Di	Mathild.	Fr	Tiburtius	So	Bonifaz.	Mi	Qu., J. N.
15	Sa	Maurus	Di	Faustinus	Mi	Quat., L.	Sa	Anastasia	Mo	Sophie	Do	Vitus
16	So	Marcell.	Mi	Juliana	Do	Heribert	So	Palms. T.	Di	Joh. v. N.	Fr	Benno B.
17	Mo	Ant. Eins.	Do	Konstant.	Fr	Gertrude	Mo	Rudolf	Mi	Pasch.	Sa	Adolf
18	Di	Priska	Fr	Flavian	Sa	Eduard	Di	Apoll.	Do	Venant.	So	Gervasius
19	Mi	Kanutus	Sa	Konr.	So	Josef N.	Mi	Kreszenz.	Fr	Cölestin	Mo	Juliana F.
20	Do	F. u. S.	So	Eleuth.	Mo	Nicetas	Do	Gründ. S.	Sa	Bernhard	Di	Silverius
21	Fr	Agnes J.	Mo	Eleonora	Di	Benedikt	Fr	Karfr. A.	So	Felix	Mi	Alois v. G.
22	Sa	Vinzenz	Di	Petri St.	Mi	Oktavian	Sa	Kars. S.	Mo	Julia	Do	Fronl.
23	So	Mar. V.	Mi	Romana	Do	Viktorin	So	Osters. A.	Di	Desider.	Fr	Edeltrud
24	Mo	Timoth.	Do	Schalttag	Fr	Gabr. E.	Mo	Osterm.	Mi	Johan.	Sa	Joh. d. T.
25	Di	Pauli B.	Fr	Matthias	Sa	Maria V.	Di	Markus	Do	Urbanus	So	Prosper
26	Mi	Polyk.	Sa	Walpg.	So	Eman.	Mi	Kletus P.	Fr	Phil. N.	Mo	Vigilius
27	Do	Joh. Chr.	So	Alexand.	Mo	Rupert	Do	Peregrin.	Sa	Johann P.	Di	Ladisl. K.
28	Fr	K. d. G.	Mo	Leander	Di	Guntram	Fr	Vitalis	So	Wilhelm	Mi	Leo II. P.
29	Sa	Franz S.	Di	Romanus	Mi	Mittf., T.	Sa	Peter M.	Mo	Max. (Bittg.)	Do	Pet. u. P.
30	So	Martina			Do	Quirinus	So	Katharin.	Di	Ferd. (Bittg.)	Fr	Herz Jf.
31	Mo	Petrus N.			Fr	Amos Pr.			Mi	An. (Bittg.)		

Hermes Buch- u. Kunstdruckerei Gesellschaft m. b. H. Wien XVII.

Mitternacht sang 9. und 10. Kompanie die Hymne vor der Deckung. Kleeblatt kam herein, war sehr herzlich, seine Meinung, der Friede werde plötzlich da sein. Um ½ 2 nachhause. Wieder beinahe den ganzen Tag mit Arnoul, hatte grosse Freude am Parfum, das ich aus Lemberg brachte, Reseda und Trèfle. Kost ausgezeichnet, ganz anders als voriges Jahr, Wein, Mineralwasser, Zigaretten, Zigarren, Gebäck u.s.w.
Udriosky auch hier. In Beresce.

1916 **Január 2.** Sonntag

Sonntag. War mit dem 2. Zug den Laufgraben reinigen. ¾ Stunden zu Fuss, Sagmeister war mit. Ging auch durch Stellung, wenigstens durch ein grosses Stück. Streckenweise sehr gut, nur manchmal so schlecht angelegt, dass voll mit Wasser und man aus dem Graben heraussteigen und frei weiter gehen muss. Russen in sicherer Ferne.

1916 **Január 3.** Montag

Nichts besonderes. Russische Spionage auf unserer Front sehr ausgebildet. Höre mit Staunen, dass angeblich Russen in Uniform unserer Generalstäbler durch die Deckungen gingen und zeichneten. Ein andermal hätte man wirkliche Stabsoffiziere beinahe niedergehauen, weil sie sich nicht legitimieren konnten. Der Wald, in dem wir sind, dicht und dunkel. Nachts kann man die Finsternis schneiden. Eigene Offiziers-Menage hier. Mit Arnoul, geben einander Rätsel zum raten.

1916 **Január 4.** Dienstag

Sagmeister ging nachhause auf 14 Tage Urlaub. Mit ihm ging der Fähnrich, der mich so gut bewirtet hatte, als ich den Laufgraben ausbessern kam. Jeden Tag geht nämlich ein Zug in die Stellung die Gräben auszubessern. Es gibt genug zu tun, noch dazu morgen, da es die ganze Nacht regnet. Jede Deckung tropft, nur meine nicht. Kadett Kristòf auch mit mir. Er sagt, in der Stellung sei's besser als hier. Ich glaube es selber.

1916 **Január 5.** Mittwoch

Major hielt Besprechung. Natürlich haben die Kadetten herhalten müssen. Er sagt, man muss alles wissen, sogar ob ein Mann heute zur Seite gegangen sei oder nicht. Schrieb gestern Hptm. Gottl wegen meiner Beförderung. Fähnrich Abai, kenne ich aus den Karpathen, sah ich gestern. Stellung brav. Stützpunkt geht durch Friedhof, einige Kreuze und Marmortafeln liegen im Graben als Kotbrücken. Ein Sarg sieht in den Graben herein, Deckel ist etwas gehoben, innen leer. An anderer Stelle kleine Gruft, jetzt

gute Deckung mit gemauerter Wölbung. Vor dem Graben fliesst die Ikva, an manchen Orten unmittelbar vor uns.
Russen schiessen viel, wir sind gedeckt. Hier glaubt alles, dass der Krieg heuer zu Ende geht. Kling, Fähnrich kam vom Urlaub zurück und erzählt haarsträubende Geschichten vom Pester Leben. Meine Vorträge vor Arnoul und Wels haben mir den Titel eines Professors der freien Akademie eingetragen.
Sòs wusch Hemd und Taschentücher aus, bin etwas erkältet, habe Schnupfen. Gewöhne mir wieder das Rauchen an, jeden Tag 20 Zigaretten, 1 Zigarre.

1916 **Január 7.** Freitag

Täglich zwei Züge zur Arbeit. War am Samstag Tagcharge und wurde zur 9. Kompanie, zu Arnoul eingeteilt. Ist auch recht so, dort waren 7, hier sind 3 Offiziere und Wels geht auf Urlaub. Hörte gestern, dass er Schwager Heisseg's sei, öffentlicher Notar im Zivilleben, sympathisch.
Schönes Wetter.
Wohne in Sagmeisters Deckung, tat mir leid Kristof zu verlassen, war ein stiller Mensch. Befehl Czibutkàs: Durch schneidige Patroillen nachts Russen fangen um zu erfahren welches Regiment uns gegenüber steht. Hätte Lust dazu, bis wir aber hinauskommen, werden die Russen gewiss schon aufgestört sein, und dann ist es doppelt gefährlich.
Noch immer keine Post, ärgerlich !

1916 **Január 12.** Mittwoch

Tarnobor

1916 **Január 14.** Freitag

Am 10. im Befehl: übernehme Kommando der MGA 1. Jetzt Friedrich Stabsfeldwebel dort. Ging nur am 12. hin. Hörte nicht

mehr den Vortrag des Arzt's von der Heirat.
Ging zu Hptm Kossuth, Kommandant des 3. Baons. Weder er noch Mibolcsics wussten wo die MGA 1. steht. Schickten mich zum 3. Baon. Erfuhr endlich das die Abteilung bei Tarnobor im Stützpunkte steht. Arnoul gab mir eine Ordonanz um meine Sachen zu tragen.
Gewehre haben gute Deckung, im allgemeinen ist sie aber miserabel, stehen im Sumpf. Statt Graben zu graben, muss man den Wall aufbauen, in den Laufgräben Bretter um gehen zu können, am Boden der Deckungen Wasser. War zwei Tage bis heute in Friedrichs Deckung, heute ist meine fertig.
Klie geht wahrscheinlich wieder zurück, da er Maschinist ist. Russen still. Menage nicht so gut wie bei dem 3. Baon, Stützpunktskommandant Leutnant Würth, junger Mann.

1916 **Január 17.** Montag

Montag. Hat keinen Sinn, Tagebuch zu führen, geschieht garnichts. Hptm Csànyi ging durch den Graben, war zufrieden.
Man verlangt in der Offiziersmenage um 5 Kronen mehr, da auch zum Abendmahl Mehlspeise, das wäre aber insgesamt 20 Kronen. Bei dem Baon 3 kostete all dies 10 Kronen und ist besser. Allerdings ist hier Reczey der Menage-Meier, bei uns aber ein jüdischer Kadett, der alles teurer einkauft. Wollte gestern mit Friedrich nach Chotowka zur Staffel gehen, war aber zu schlechtes Wetter. Waren heute drinn, ist Ordnung überall.
Ritt etwas und kam mit dem Schlitten zurück, beinahe bis zur Stellung. 3/4 Stunden Entfernung. Lovcsen und Cetivje gehört uns. Schnee schmolz, jetzt regnet es.
Gottl schrieb mir, dass er wegen meiner Beförderung zum Ministerium schrieb, da ich nicht im Stand der 32-er bin.
Luftkissen ist nichts wert. Werde morgen schon Kerzenhalter haben.

Tagebuchseite Január 21. Freitag
Die Ikva bei Soparow

Donnerstag, also gerade einen Monat nichts geschrieben. Heute schrieb Vater, dass ich gewiss, um mir die Langeweile zu vertreiben, fleissig mein Tagebuch schreibe. Dies gab mir wieder den Bleistift in die Hand.

Befasse mich mit Astronomie, studiere die Sterne mit dem Feldstecher. Regiment ist etwa um den 20. Jänner fort, ich glaube nach Zalosce bei Tarnopol. Anfangs glaubten wir, wir bleiben nur kurze Zeit bei dem Landsturm J. R. 2 Linz (aber auch Tschechen, Ruthenen, Polen darunter) aber jetzt sind wir schon einen Monat hier. Vor einigen Tagen ging auch Friedrich zum Regiment zurück; war ein strammer Mann, ein bisschen verstellt, wie ich nachher erfuhr - aber das verstehe ich, denn ich wurde ihm, obwohl ich ihm im Range nicht überstand, als Kommandant auf den Hals geschickt.

Jede Woche 2-3 mal Sporen an und gehe reiten, habe ein schönes schwarzes Pferd, das man mir herausbringt beinahe zur Stellung. Dann geht's hinein nach Chotowka, wo Hriazik der Obermeister ist, da Klie schon zum Baon eingerückt ist. Winkler macht jetzt Ringe aus Schrapnell-Führungsringen. Er geht um die Fassung nach Petriky und um die Post. Verpflegung hier schlechter wie bei 32-er. Statt 30 dg Fleisch (nach Vorschrift 45) nur 20 dg, statt Zigaretten - Tabak, es ist wahr, das Regiment verlangte es so, da hier alle Pfeife rauchen. Auch die Pferde bekommen weniger. Sind noch immer sehr schön, aber schwach. Jeden Tag werden sie zwar herumgeführt, jede Woche 2-mal Probesattelung. Ein Übel, dass die Ruthenen und Tschechen zu den Russen laufen. Ich glaube 3 sind erschossen worden, 6 oder 8 sind aber hinüber. Kein angenehmes Gefühl in einem solchen Regiment zu sein. Dazu ist auch der Dienst unmenschlich, auch für die Kadetten. Alles muss die ganze Nacht draussen sein, ausserdem wird immerfort gearbeitet. Nicht lange wurde der granatsichere Unterstand nach vieler Mühe fertig, jetzt muss er abgerissen werden und neu aufgebaut werden, da er nicht gut sein soll. Leute tun mir leid. Kaum Rast und schlechte Kost, auch diese nur am Abend = Suppe, in welche alles hereinkommt, was gefasst wurde: Bohnen, Kartoffel, Reis, Fleisch durcheinander. Oberleutnant Lerchenfeld ist auch verzweifelt. Hier noch Fähnrich Student, Öllerer. Czibulka (letzterer ging fort um Leute auszubilden) Kadett Poppel und Steiner.

Gestern plötzlich starkes Hurra, Raketen, Demonstration, wir ebenfalls Hurra, Raketen. Schnee schmilzt, alles voll Kot, Kot, Kot. Die Brustwehren sinken wieder in den Grund, decken uns kaum mehr. Ging mit Oberleutnant der 44-er die Front ab bis Soparow. Liess aus Lemberg Zeitungen bringen, Senf, Kerzen (das ist das wichtigste !) Keks. 1 Kilo Gries 12 Kronen.

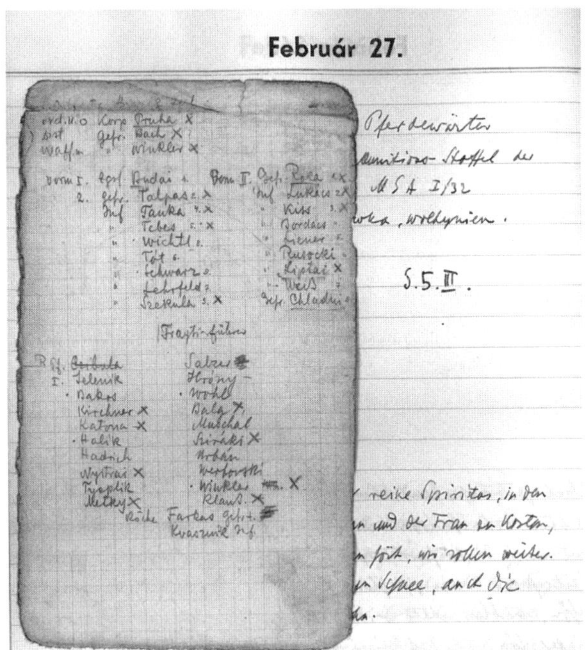

Zettel Namensliste

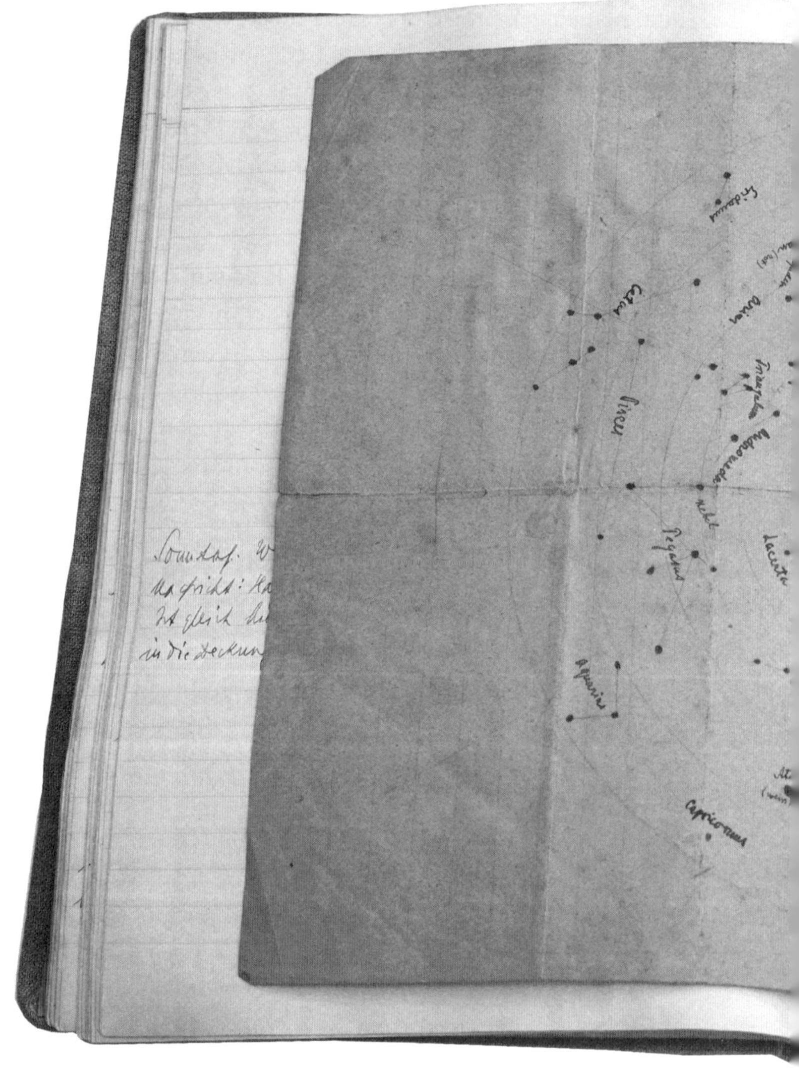
Eridanus
Cetus
Pisces
Pegasus
Lacerta
Aquarius
Capricornus

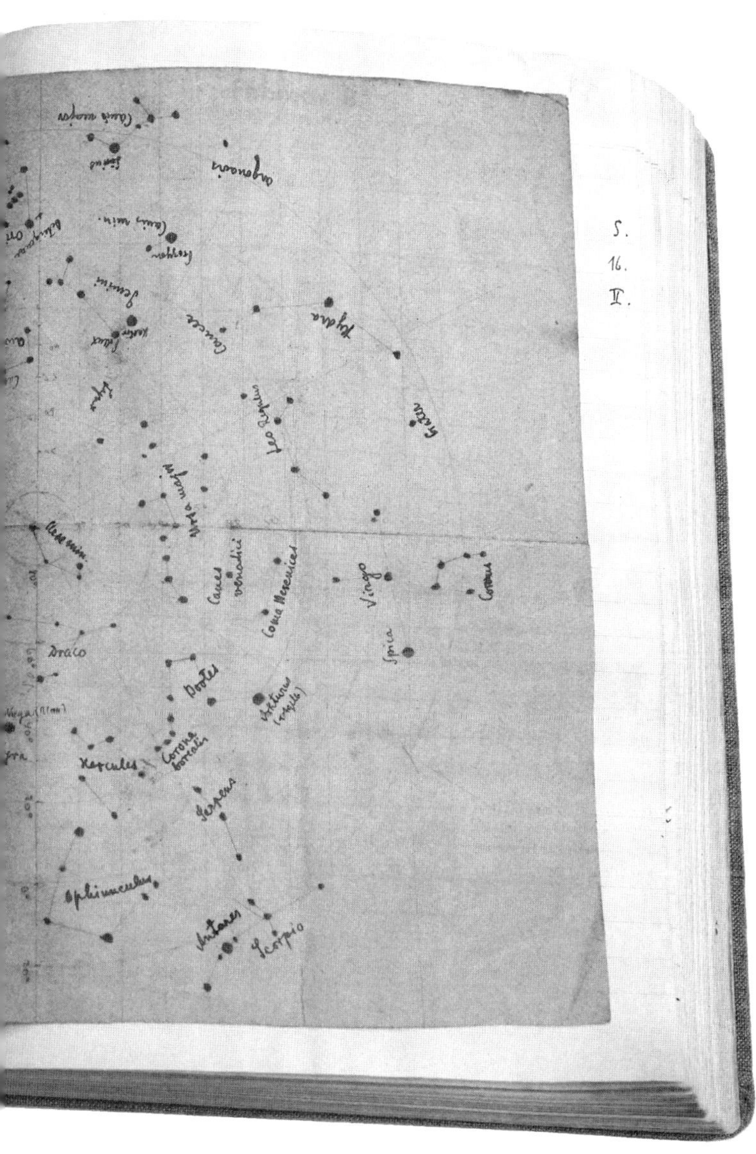
S.
16.
VI.
Draco
Bootes
Corona borealis
Serpens
Antares
Scorpio
Spica
Virgo
Corvus

Ursa maj

Canes venatici

Cancer

Procy

Coma Berenices

Leo Regulus

argonavis

Hydra

Virgo

ca

Crater

Corvus

Ursa minor
80°
Cepheus
Lacerta
Pegasus
Cassiopeia
Andromeda
70
60
Perseus
Algol
Triangulum
Lynx
50
Capella
40
Auriga
Pollux
Gemini
Aries
Taurus
Hyaden
Plejaden
Aldebaran (rot)
Beteigeuze
Orion
min.
Rigel
Eridanus
Sirius
Lepus

Tagebuchseite Február 28. Montag
Pferdewärter der Munitions-Staffel der MGA I/32
Chotowka, Wolhynien;
Sevin in der unteren Reihe, dritter von rechts

Tagebuchseite Március 6. Montag
Bei Tarnobor an der Ikva
Ldst. I.R.2.
Grab des russ. Korporalen Wassiljkowitsch
Von links nach rechts: Öllerer, Student, Steiner, Oblt. Lerchenfeld, Poppel

Tagebuchseite Március 20. Montag
Drahthindernisse bei Tarnobor an der Ikva
Ldst. Rgmt. 2.

Tagebuchseite Március 24. Freitag
Drahthindernisse a/d Ikva bei Soparow.

Granaten-Einschlag

1916 **Április 1.** Samstag

Nowa Poczajew

1916 **Április 2.** Sonntag

Niemacz

1916 **Április 3.** Montag

Zagorze

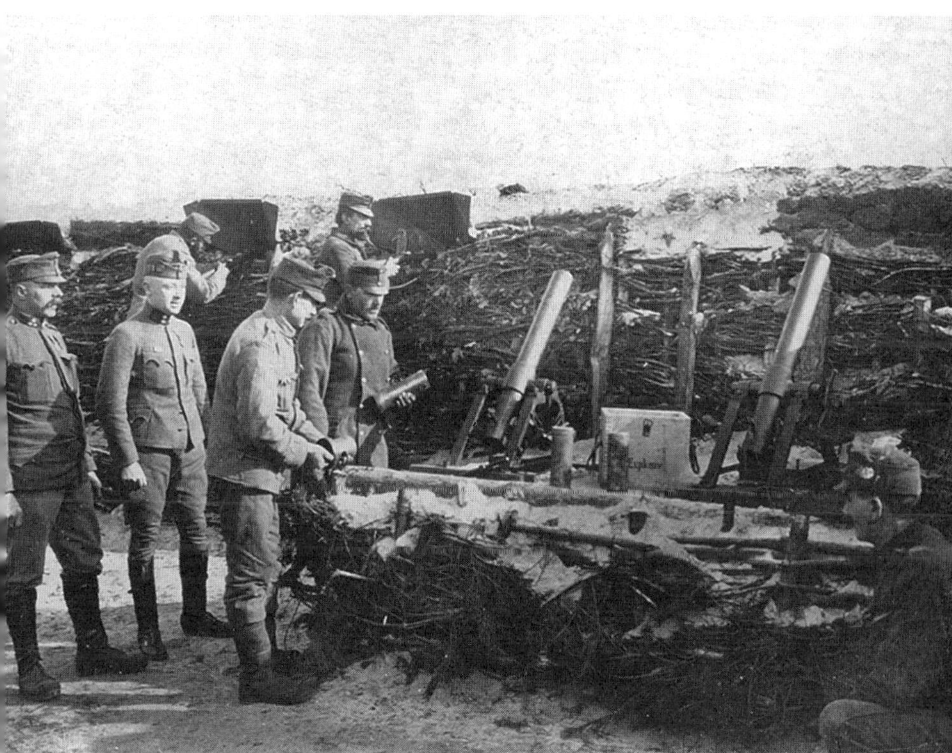

Minenwerfer bei Tarnobor an der Ikva.
Ldst. I.R.2.

Von Sevin abgeschriebener Regimentsbefehl zur Ablösung seiner Maschinengewehr-Abteilung nach mehr als 4 Monaten.

Tagebuchseiten Április 8./9. Samstag/Sonntag

Április 9

1916.IV.9.

Liebe Eltern u Fránike,

bin wieder beim Regimente. Im heutigen Rgmts Befehl stand auf erster Stelle folgendes: Ad Zuschrift E. No 464 vom 2 April 1916 des k.k. Ldstm Inf. Rgmts Linz No 2: Nach mehr als 4 monatlicher Zuteilung zum Regimente wurde die M.G.A. I/32 über höheren Befehl gestern durch eigene Mannschaft abgelöst und aus der Front gezogen. Die lange, in jeder Hinsicht vorzügliche Dienstleistung des Kommandanten Kadett Sevin, ebenso je-

Handgeschriebener Brief Sevins an seine Eltern, 4 Seiten gefaltet

[Im Tagebuch ist an dieser Stelle ein Brief von Heinrich Sevin an seine Eltern eingeklebt]

Liebe Eltern und Familie,

bin wieder beim Regimente. Im heutigen Rgmts Befehl stand auf erster Stelle folgendes:
a d Zuschrift S No 464 vom 2. April 1916 des k. k. Ldstm. Inf. Rgmts Linz N° 2:
Nach mehr als 4 monatlicher Zuteilung zum Regimente wurde die MGA I/32 über höheren Befehl gestern durch eigene Mannschaft abgelöst und aus der Front gezogen. Die lange, in jeder Hinsicht vorzügliche Dienstleistung des Kommandanten Kadett Sevin, ebenso jedes einzelnen Mannes, das vorzügliche Zusammenwirken aller Organe mit dem eigenem Regimente gab mir willkommene Veranlassung Offizieren und Mannschaft der scheidenden M.G.A. meinen Dank und Anerkennung auszusprechen

Thierrig Oberstleutnant

Hier sind wir in ganz guter Stellung. Habt Ihr die beiden Bilder, die ich schicken liess, bekommen ? Ebenso ein anderes Paket mit dem Kamelhaar Mantel! Bitte alles, Bilder, Kerzenbehälter, Aschenbehälter, ausgeschnittene Zeichnungen aufbewahren, da es Andenken sind an die Ikva-front. Diese paar Fotografien auch. Hoffe dass es Euch allen gut geht. Vaters Brief vom 25.2. bekommen. Bitte passt auf die Adresse auf, jetzt Feldpost 90, Inf. Rg. 32. M.G.A. III –
Wie geht's Karesi? Hoffe am besten. Reitet er noch auf dem Schaukelpferd?
Hier schon Frühling, riesiger Kot. Stehe jetzt nördlich von Zaleske

vor Nowo-Aleksimec. Knapp an der Grenze Galizien-Wolhynien, aber noch in Galizien. Hinter uns ist Zagorze.
Russen ruhig, nur manchmal Artillerie-feuer aber ganz bedeutungslos. Glaube nicht, dass hier etwas losgehen wird.

Herzliche Küsse an Mama,
Vater, Janicka, Karesi

Heinrich

Behaglicher Unterschlupf

Tagebuchseite Április 11. Dienstag
Schützengraben mit altem Flechtwerk

Tagebuchseite Április 14. Freitag
Drahthindernis Panosowka, 69-er.

Tagebuchseite Április 17. Montag
Kirche in Zagorce, katholisch, polnisch

Tagebuchseite Április 19. Mittwoch
Inneres der Kirche in Panosowka,
ruthenisch

Tagebuchseite Április 27. Donnerstag
Brennendes Haus in Zagorce

Tagebuchseite Május 3. Mittwoch
Soldaten-Friedhof mit Bosnjaken-Wache

Tagebuchseite Május 5. Freitag
Aviso Posten vor dem Walde Werestschag

Tagebuchseite Május 11. Donnerstag
Tagesposten

Tagebuchseite Május 15. Montag
Scheinwerfer

Geburtstag. War auch voriges Jahr nicht sehr angenehm, heuer fing an diesem Tage die Arbeit der russischen Artillerie an. Gegen 4 Uhr rechts und links Trommelfeuer. Wie später die 4. Armee meldete waren insgesamt nur 1 Toter und 1 Verwundeter zu verzeichnen. Die Fuchslöcher sind also Granatsicher, das ist beruhigend. Nachmittag um 4 ging es auch hier los. Vor den 44-ern und 69-ern auch russischer Angriff gemeldet, später auch vor uns. Gegen Leszczynaer Wald schossen die Russen sehr heftig, auch wir bekamen es zu spüren, als ich das Feld beobachtete, ging eine Granate in den Nachbar Box. Leute sofort in die Fuchslöcher, samt den Gewehren. Vor den 26-ern heftiges Infanteriefeuer, Feldwache läuft herein, sah viele Russen vorrücken. Tages-Feldwache nur je 4 Mann, später gingen 12 hinaus und brachten 3 verwundete und 3 unverwundete Russen herein, aus dem 49-er, 19-er und 303-er Regiment, sah einen, der war am Kopfe und Schulter verwundet, warf in einem fort Kreuze auf sich. Russen liegen jetzt im Weizen, näher zu uns.

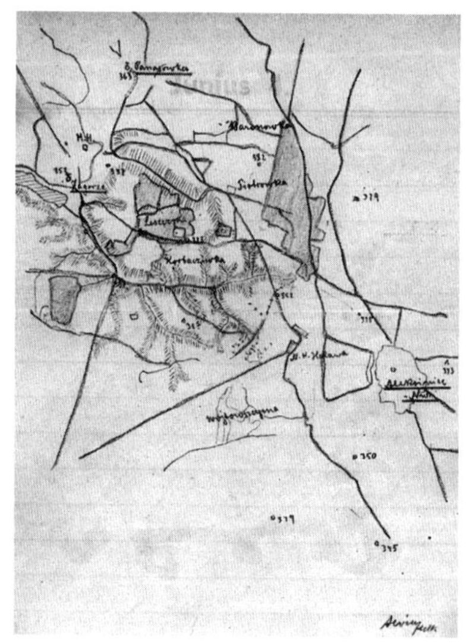

Abends 7 still, jetzt schreibe ich. War die ganze Zeit draußen, es war vor uns nicht so gefährlich. Morgen wahrscheinlich Fortsetzung, die noch heißer sein wird. Höfer meldet von der Bessarabischen und Wolhynischen Front heftiges Artilleriefeuer, jetzt kommen wahrscheinlich wir an die Reihe. Verwundete bisher 3 Leute, betragen sich gut, sind allerdings blass.

1916 **Június 5.** Montag

Montag. Trommelfeuer unterblieb, ganzen Tag still. Nachmittag Regen. Gegen abend setzte heftiges Artilleriefeuer ein, gingen um 10 Uhr wieder in die Fuchslöcher. Nach einem Armeebefehl Brussilows ist die Zeit da um den gehassten Feind zurückzudrängen. Nach dem gestrigen Höfer-Bericht war bei Olyka Trommelfeuer. Armer Andràs, war er dort ?

1916 **Június 6.** Dienstag

Abends Abfertigung: Urlaube eingestellt. Nach einem Monat wäre die Reihe an mir gewesen. Vielleicht dann im August.

1916 **Június 7.** Mittwoch

Morgens Telefonmeldung, dass Kitchener samt Stab versenkt wurde (Englischer Kriegsminister). Grosse Freude. Abends Meldung: bei Olyka Rückzug.Armer Andràs, hoffe er ist nicht dabei.

1916 **Június 8.** Donnerstag

Donnerstag. Heute nacht ½ 2 Alarm. Angeblich wurden die Feldwachen 4. und 5. von den Russen gefangen genommen. Weiss auch jetzt noch nicht, ob das wahr ist. Später kam die Nachricht, die 4. ist zurückgelaufen, von der 5.ten sind 4-5 Mann gefangen. Es gab auch Verwundete.
Gegen 3 wieder Rufe und Bereitschaft wurde abgesagt. Ich ging gar nicht mehr in die Deckung, sondern beobachtete das russische Artilleriefeuer, das bei den 69-ern tobte. Bald Gewehrfeuer uns gegenüber, wieder Alarm. Dauerte bis ½ 5.
Gegen Mittag Ruhe.

1916 **Június 9.** Freitag

Freitag. Auch gestern Ruhe, umso grössere Konsternierung, als Nachmittag 4 durch Telefon der Befehl kam: Szàntó Oberleutnant und ein Zug sofort aufnehmen und nach Zagorce, zum Rgmts. Kommando. Das Reserve Baon mit Miklósi ist ebenfalls weg. Wahrscheinlich war irgendwo eine starke Reserve nötig. Ich blieb hier mit 9 Pferden, die 10 besten hat Szàntó mitgenommen, übrigens waren 6 Masch. Gewehre unter seinem Kommando. Hptm. Gross blieb hier als Kommandant des 2. Reserve, Baons, meldete aber sofort krank, wie vorauszusehen war. Nachts ruhig.

1916 **Június 10.** Samstag

Hörten, dass das Baon und Szàntó in Niemac sei, bei der Division. Abends meldete Höfer, dass wir westlich von Luck kämpften; grosse Niedergeschlagenheit. Kadett Marmaries war in Podkamen und sagt, die Stadt sei voll von durchziehendem Militär. Angeblich ist Josef Ferdinand abgesetzt und Terstyàroski der Armee-Kommandant oben. Grosser Umzug, die Maschinen werden schon zurücktransportiert, mit hinbeordertem und mangels weiterer Befehle dort stationierenden Militär ist die Stadt voll. Was wird daraus ?

1916 **Június 11.** Sonntag

Schöne Pfingsten. Nachmittag Telefon, dass das Korpskommando aus Prody weggezogen ist. Schreibe nichts weiter, weiss selber nicht, was wem geschieht.

1916 **Június 15.** Donnerstag

Man hört Linsingen sei uns im Norden, Bothmer im Süden zu Hilfe gekommen (Deutsche Heeresgruppe).
Regnerisch. Sonntag abend wurde die Front der Kompanie ausgedehnt, da wir auch den Teil des weggegangenen 69-er Baons halten. Anstelle Arnouls kam Back neben mich wohnen. Gestern wieder an 15 Boxe Front ausgedehnt, ausserdem muss ein Zug in Reserve

sein. In jedem Box etwa 2 Mann. Bulkay kam Sonntag mit einem Gewehr zurück, war einen Tag hier und ging zur MGA 1, so dass ich wieder nur 2 Gewehre habe. Kármán schickte mir 4 Pakete mit Wäsche, gerade recht. Regen strömt. Verpflanzte die Blumen vor Gerers Wohnung vor meine Deckung.

1916 **Június 18.** Sonntag

Andràs's Todestag

1916 **Június 21.** Mittwoch

Andràs und ich spielten per Feldpostkarten eine Schachpartie. Der Tod Andràs's befahl Halt. Letzter Stand des Spieles.

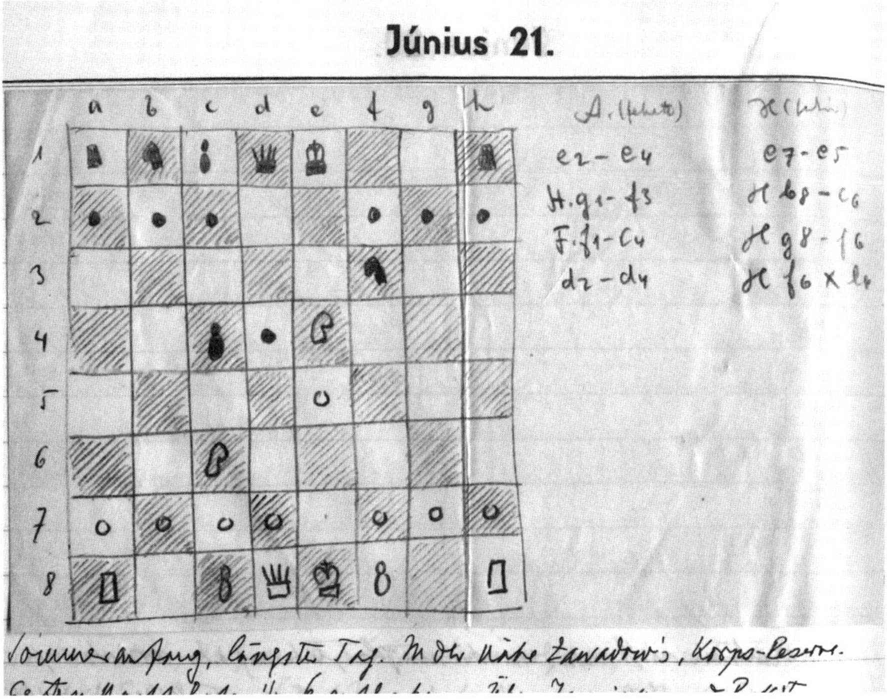

1916 **Június 26.** Montag

Bekam heute die Nachricht vom Tode des lieben guten Andràs.

1916 **Július 4.** Dienstag

Fehlt. Busch 6 x
2 Pferdedecken No 104429
2 Schwunggurten Zeiss 6 x
3 Wickenhaltstrick 565196. Ü.K. 5.8.15.
13 Anbindstrick
8 Packgurten s. Strick
2 Obergurten m. Polster
4 Hafersäcke
10 Futterfornister
10 Tränkeimer
8 Kartetschen
8 Striegel
4 Laternen s. Fett.
5 Munitions Trage
20 Kl. Patr. gurten verschl.
1 Lebertecker
1 Kompl. Distanzmesser
QIT.
1. St 200 gr. Mech. Handhammer
2 Federsplinte z. Handhebel
1 M. 7. Zündstift Heber
1 " M.G. Schlüssel
1 " Anschlagklemme
1 Bankkörner
1 Kl. Bankmeißel
1 Ölerkrug
1 gr Sack Reiballen
3 halbrunde } 10 cm feinschlichtfeilen
2 dreieck.
1 kg Hanf
0.15 Kgr Tinol Lötstab
10 Bog. Schmirgel Leinwand
1 Pack. Tinol
asbest
1 Hülsenauszieher.

Zettel handgeschrieben für Ersatzteile

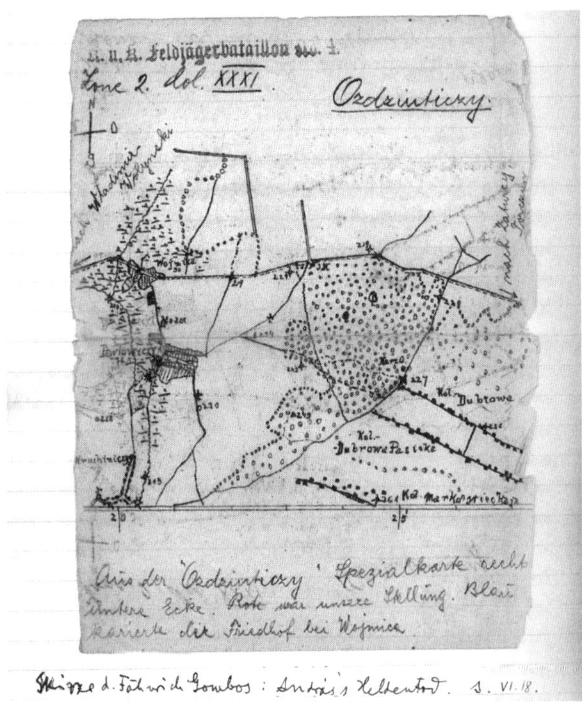

Landkartenausschnitt mit Unterschrift,
Skizze des Fähnrichs Gowbos: Andràs's Heldentod

1916 **Július 29.** Samstag

Samstag. Wieder Ursache zum Schreiben. Nach einer Woche Ungewissheit kam Aviso: alles verkaufen was überflüssig ist, und wir so auf den Rückzug vorbereitet waren, wurde er heute Nacht durchgeführt. Angeblich ist Szàntó samt dem Baon bei Beresleko gefangen worden. Brody brennt, Strassenkämpfe. Kamen über Zagorce mit dem 4. Baon, über Seretec, Jasnizec, Podberesce, Markopol nach Zwyzyn.

Marsch dauerte 4 Stunden. Da Frici das Schutzschild abwarf, wurde es auf Resi gepackt, und so konnte ich nicht reiten. Marschierten neben schon bestellten Feldern. Die Bevölkerung ist durch unseren Rückzug in die grösste Verzweiflung versetzt. Männer und Frauen liefen, Tränen in den Augen, umher. Gingen über eine sehr gute Stellung hinweg und machten Halt in dieser, die abscheulich ist. Kaum etwas Draht vor uns, der hohe Weizen versperrt die Aussicht. Schützen uns vor der Sonne durch das Zeltblatt, schrecklich warm. Leute gehen requirieren ins Dorf, seit einem Jahr kann man auch das wieder tun. Bald sind Enten, Eier, Weichsel, Äpfel, Rettiche u.s.w. an der Stelle. Posten spähen mit Fernrohr, Russen zeigen sich noch nicht. Gegend wunderschön.

1916 **Július 30.** Sonntag

Sonntag. Warten auf die Russen.

1916 **Augusztus 3.** Donnerstag

Russen kommen langsam vor. Graben sich nachts ein. Deckung wird heute fertig. Oberleutnant Radulovics freundlicher Mensch. Post kommt nun regelrecht. für heute nacht Angriff der Russen avisiert. War bei der MGA 4. Liegen vor dem Dorfe, gute Stellung.

1916 **Augusztus 4.** Freitag

Bei Zwyzyn. Heute früh bei Markopol Kleeblatt und das 3. Baon gefangen. Nur ein Teil der 9. Kompanie blieb.

1916 **Augusztus 5.** Samstag

Heute morgens 5 Markopol gegenüber, beim Friedhof. Rechts von uns brachen Russen durch. Widerstanden halbe Stunde, dann wurden wir umzingelt und gefangen.
Mit uns gefangen die 5. 6. 7. 8. 9. Kompanie.

Augusztus 2.

Abteilungs-Liste handgeschrieben, Feuerstaffel, Munitions-Staffel

Kalenderblatt Augusztus 5. Samstag
oben: letzter Stenoeintrag von Sevin vor der Gefangennahme,
unten: russischer Lagerausweis No. 227899

Tagebuchseite Augusztus 7. Montag
Kriegsgefangene Kameraden in Omsk
hintere Reihe von links: Kiszeli - ich - Kardos - Bella
mittlere Reihe von links: Kabót - Würth - Forster - Piliczér - Andrejkovics
untere Reihe von links: Germela - Réczey - Nyári

Z. 129 EB Liste Nr. 2079
Exh. Nr.
Name: Sevin Heinrich
Relig.: Alter oder Geburtsjahr: Heimatsgem. u. Heimatsbez.: Csurog Com. Bácsbodrog Ung
Angehörige: Karl Sevin, Csurog
Charge: Ifnr Grundb.-Nr.: A.-J.:
Truppenkörper: J. R. 32 Unterabt.:
Gefangen in: am:
Gesundheitszustand:
Interniert in: Omsk, Sbr.
Russland
R. Kgf. II/349

Z. 63 Liste Nr.: S.B.H. 28
Name: Sevin Henrik
Religion: Alter oder Geburtsjahr: Heimatsgem. u. Heimatsbez.: Heinrich Brandstetter Wien, Mariahilferstr. 58; Karoly S. Csurog Ung. Bácsbodrog
Charge: Ifnr. Grundb.-Nr.: A.-
Truppenkörper: J. R. 32 Unterabt.:
Gefangen in: am:
Gesundheitszustand: gesund
Interniert in: Krasnojarsk 1919.
R. Kgf. II/349 Russland

Zwei Karteiblätter dokumentieren die russische Kriegsgefangenschaft Heinrich Sevins. Sie sind nicht Teil des Tagebuchs, sondern befinden sich im Kriegsarchiv in Wien und gehören zu den wenigen Dokumenten, die der Herausgeber bei seinen Recherchen über Heinrich Sevin fand. Sevin hatte sein Tagebuch aus dem Ersten Weltkrieg 1938 überarbeitet. Über sein weiteres Leben konnte nichts herausgefunden werden.

Zum Thema Erster Weltkrieg außerdem erschienen:

Detlef A. Rose (Hrsg.)

In Schussweite

Grüße aus den Dolomiten

Briefe von der Südtiroler Front 1915-1916

Von Köln aus wurde der Rheinländer Carl Rose als Hauptmann einer Artillerie-Einheit an die Front in den Südtiroler Dolomiten geschickt. In den Sextener Dolomiten und auf der Folgaria-Hochfläche erlebte er den Krieg im Hochgebirge. Der überlieferte Briefwechsel mit seiner Familie gibt einen authentischen Einblick in den Dolomitenkrieg. Erstveröffentlichung mit zahlreichen Dokumenten und erläuternden Hintergrundinformationen.

242 Seiten | Mit ca. 70 Fotos | Paperback, 14,2 cm x 19,7 cm

ISBN: 978-3-943915-07-5 | Preis: 18 € (D)

Weitere Informationen bei www.morisel.de

Bücher im morisel Verlag:

Olympia in Berlin, Emanuel Hübner,
200 S., ISBN: 978-3-943915-29-7, 24,90 €

Die UFA, Friedemann Beyer,
172 S., ISBN: 978-3-943915-15-0, 29,90 €

Die Gesichter der UFA, Friedemann Beyer,
260 S., ISBN: 978-3-943915-02-0, 18 €

Bismarcktürme, J, Bielefeld u. A. Büllesbach,
180 S., ISBN: 978-3-943915-08, 28 €

Bollwerk Mainz, R. Büllesbach, H.Hollich, E. Tautenhahn,
228 S., ISBN: 978-3-943915-04-4, 28 €

Sperrfort Verle, Luis Trenker,
304 S., ISBN: 978-3-943915-11-2, 26 €

Berge in Flammen, Luis Trenker,
242 S., ISBN: 978-3-943915-05-1, 18 €

Der Kampf ums Matterhorn, Carl Haensel,
228 S., ISBN: 978-3-943915-12-9, 18 €

Aus dem Rheinland in den Krieg, Norbert Büllesbach,
176 S., ISBN: 978-3-943915-17-4, 18,50 €

Fotografie bei Hanomag, A. Büllesbach und Horst-Dieter Görg,
96 S., ISBN: 978-3-943915-20-4, 19,90 €

Im Zeppelin über Länder und Meere, Hugo Eckener,
312 S., ISBN: 978-3-943915-01-3, 19,80 €

Vor-Bilder, Sandra Abend und Hans Körner (Hrsg.),
244 S., ISBN: 978-3-943915-19-8, 28 €

Der schöne Mensch und seine Bilder, S. Abend und H. Körner,
240 S. ISBN: 978-3-943915-30-3, 28 €

Weitere Informationen bei www.morisel.de

DVDs bei morisel und Film 101:

Toni Palmer bei morisel:

Wagner, Spielfilm, GB 1982, 7 Std. 46 Min.

Chopins Geheimnis, Spielfilm, GB 1999, 109 Min.

Brahms & die singenden Mädchen, Spielfilm, GB 1997, 89 Min.

Zeugenaussage, Spielfilm, GB 1988, 149 Min.

Die Abenteuer des Benjamin Schmid, Doku., GB/A 2004/14, 102 Min.

All you need is love, Doku., GB 1976, 15 Std.

Die Somme, Doku-Drama, D 1930, 101 Min.

Die andere Seite, Spielfilm, D 1931, 96 Min.

Krieg der Bomber, Doku., D 1985, 218 Min.

Die Dolchstoßlegende, Doku., D 1998, 44 Min.

Niedersachsen im Dritten Reich, Doku., D 2014, 65 Min.

Niedersachsen im Dritten Reich Teil II, Doku., D 2015, 65 Min.

Volksgenossin - Frauen im Dritten Reich, Doku., D 2018, 156 Min.

Wilhelm Tell, Spielfilm, Ö 1956, 82 Min.

Der Besuch der alten Dame, Fernsehspiel, D 1959, 116 Min.

Der Hauptmann von Köpenick, Fernsehspiel, D 1960, 116 Min.

Die Physiker, Fernsehspiel, D 1964, 125 Min.

Danton, Spielfilm, D 1931, 86 Min.

Dreyfuß, Spielfilm, D 1930, 110 Min.

Der Choral von Leuthen, Spielfilm, D 1932, 82 Min.

Die Macht der Bilder, Doku., D 1993, 197 Min.

Pastor Angelicus - Papst Pius XII., Doku., It 1942, 76 Min.

Museum 1915-1918 „Vom Ortler bis zur Adria“

Als Mahnung zum Frieden in Europa dokumentiert das Museum die Front vom Ortler bis zum Isonzo, die Geschichte des Weltkrieges anhand der Schicksale einfacher Soldaten und der Zivilbevölkerung auf beiden Seiten mit zahlreichen historischen Fotos, Dokumenten und Exponaten sowie dem Nachbau alpiner Stellungen. Es zeigt die Sinnlosigkeit eines Krieges, aber auch die "Friedenswege" der Dolomitenfreunde vom Col di Lana bis zum Plöckenpass. Das Museum erhielt bereits mehrere Auszeichnungen: Österreichischer Museumspreis, Kulturgüterschutz, Kärntner Museumsgütesiegel, Österreichisches Museumsgütesiegel.

Die Dolomitenfreunde setzen seit 1973 unbegehbar gewordene ehemalige Frontsteige mit Hilfe internationaler Freiwilliger als „Friedenswege“ wieder instand. Das von ihnen errichtete **Freilichtmuseum des Gebirgskrieges 1915-17** am Plöckenpass mit rekonstruierten Weg- und Stellungsanlagen, Baracken, Stollen und Postenständen ist die ideale Ergänzung zum Museum im Rathaus; freier Eintritt, Bergwanderungen; Zeitbedarf: 1 Stunde bis Tagestour.

Museum 1915-1918 „Vom Ortler bis zur Adria“
A-9640 Kötschach-Mauthen, Rathaus
Weitere Informationen zu Öffnungszeiten und Sonderausstellungen:
E-mail: museum@dolomitenfreunde.at
Internet: www.dolomitenfreunde.at